改革开放进程中的经济学家学术自传

张卓元　高培勇　主编

魏杰学术自传

魏　杰◎著

ACADEMIC AUTOBIOGRAPHY OF WEI JIE

SPM
南方出版传媒
广东经济出版社
·广州·

图书在版编目（CIP）数据

魏杰学术自传／魏杰著．—广州：广东经济出版社，2020.8
（改革开放进程中的经济学家学术自传）
ISBN 978-7-5454-7238-7

Ⅰ．①魏…　Ⅱ．①魏…　Ⅲ．①经济学—文集　Ⅳ．①F0-53

中国版本图书馆CIP数据核字(2020)第092807号

出 版 人：李　鹏
策划编辑：周　晶
责任编辑：林跃藩
责任校对：林晓珊
责任技编：陆俊帆

魏杰学术自传
WEIJIE XUESHU ZIZHUAN
魏杰 著

出版发行	广东经济出版社（广州市环市东路水荫路11号11～12楼）
经销	全国新华书店
印刷	广东鹏腾宇文化创新有限公司 （珠海市高新区唐家湾镇科技九路88号10栋）
开本	787毫米×1092毫米　1/16
印张	13.75
字数	154 千字
版次	2020年8月第1版
印次	2020年8月第1次
书号	ISBN 978-7-5454-7238-7
定价	88.00元

广东经济出版社网址：http://www.gebook.com 微博：http://e.weibo.com/gebook
图书营销中心地址：广州市环市东路水荫路11号11楼
电话：（020）87393830 邮政编码：510075
如发现印装质量问题，影响阅读，请与承印厂联系调换
广东经济出版社常年法律顾问：胡志海律师

《改革开放进程中的经济学家学术自传》丛书分册名录

（按姓氏音序排列）

1.《白重恩学术自传》
2.《蔡昉学术自传》
3.《常修泽学术自传》
4.《陈东琪学术自传》
5.《陈锡文学术自传》
6.《迟福林学术自传》
7.《樊纲学术自传》
8.《范恒山学术自传》
9.《房维中学术自传》
10.《高培勇学术自传》
11.《高尚全学术自传》
12.《郭克莎学术自传》
13.《洪银兴学术自传》
14.《黄达学术自传》
15.《黄群慧学术自传》
16.《贾康学术自传》
17.《江小涓学术自传》
18.《金碚学术自传》
19.《李实学术自传》
20.《李晓西学术自传》
21.《厉以宁学术自传》
22.《林兆木学术自传》
23.《刘诗白学术自传》
24.《刘世锦学术自传》
25.《刘树成学术自传》
26.《刘伟学术自传》
27.《马建堂学术自传》
28.《彭森学术自传》
29.《宋晓梧学术自传》
30.《田国强学术自传》
31.《王梦奎学术自传》
32.《王一鸣学术自传》
33.《魏杰学术自传》
34.《魏礼群学术自传》
35.《乌家培学术自传》
36.《吴敬琏学术自传》
37.《杨瑞龙学术自传》
38.《张军学术自传》
39.《张军扩学术自传》
40.《张晓山学术自传》
41.《张燕生学术自传》
42.《张宇燕学术自传》
43.《张卓元学术自传》
44.《赵人伟学术自传》
45.《郑新立学术自传》
46.《周叔莲学术自传》

总　　序

Preface

盛世出华章。中国的改革开放是一场波澜壮阔、前无古人的伟大社会变革，也将是世界经济发展史上的瑰丽篇章。中国经济学家在这场伟大变革中，或贡献了智力，或参与了实践，无论是参政建言还是学术构建，均厥功甚伟。

在我们先后迎来改革开放40周年和中华人民共和国成立70周年之际，为了记录并彰显中国经济学家的历史贡献，为中国特色社会主义事业进一步发挥智慧的力量和作用，同时借以勉励后学筑梦前行，我们组织并编辑了这套《改革开放进程中的经济学家学术自传》丛书。

这套丛书的出版设想，最初由广东经济出版社提出。在此之前，得力于中国社会科学院经济研究所张卓元教授等的大力支持，该社曾于2009年编辑出版《影响新中国60年经济建设的100位经济学家》丛书。那套丛书产生了良好的社会反响，也获得了较高的学术评价。弹指一挥间，又是一个十年，共和国迎来了70华诞，改革开放也逾40周年。在这样一个特殊的背景下，广东经济出版社邀请张卓元教授和高培勇教授牵头，由《经济研究》编辑部具体负责，组织、编辑一套集中反映改革开放进程中的经济学家学术探索和心路历程的丛书。

认识到这是一件颇具眼光、很有意义的事情，于是，便有了读者眼前这套《改革开放进程中的经济学家学术自传》丛书编辑出版工作的启动。

中国经济改革与发展的伟大实践，为中国经济学家的成长提供了肥沃的土壤。要从这些灿若繁星的经济学家中推选出大家比较公认的富有影响力的经济学家，并不容易。怎样推选？推选多少？具体标准是什么？如何约稿？丛书的体例又该如何把握？这一系列相关问题接二连三地提至我们面前。

为此，在初步拟订编辑出版方案的基础上，由张卓元教授和高培勇教授主持，邀请部分专家召开了小范围的论证会议，就组建丛书编辑委员会以及丛书编辑出版的一系列相关问题听取意见，进一步完善方案。

紧跟着，2017年6月25日，丛书编辑委员会会议在北京举行。出席会议的委员共有19位（按姓氏音序排列）：白重恩、常修泽、陈东琪、陈锡文、迟福林、高培勇、郭克莎、黄群慧、金碚、李晓西、刘伟、彭森、宋晓梧、田国强、魏礼群、吴敬琏、张军扩、张燕生、张卓元。因故请假、提供书面意见的委员有10位（按姓氏音序排列）：蔡昉、曹远征、贾康、李实、李扬、厉以宁、林毅夫、刘世锦、钱颖一、张军。

这次编辑委员会会议就如下一些重要问题形成了高度共识：

第一，关于丛书的意义。委员们高度认可丛书的编辑出版工作，认为这是一项富有重要历史和现实意义的出版工程。

第二，关于丛书入选者的标准和数量。委员们认为应本着宁缺毋滥、质量为先原则，以对改革开放事业的某个特定领域做出实质性贡献或产生实质性影响的经济学家为重点，入选者宜掌握在60位左右。

第三，关于丛书的体例。基于凸显学术价值和史料价值的考虑，委员们认为学术自传宜涵盖作者的学术成长历程、作者对改革开放事业某个特定领域的研究成果和学术贡献、作者对特定领域改革前景的展望等方面内容。

第四，关于丛书的读者对象。委员们认为应主要面向青年学者以及学生，谈人生经验、述理想情怀，激励广大青年学者和学生确立奋斗的目标、发展的方向和成功的路径。

第五，关于丛书的文风。委员们主张学术自传应具有较强的理论性、学术性，同时文笔流畅、深入浅出，具有一定的可读性。

在经过充分讨论形成的候选经济学家名单基础上，与会委员按照获得半数以上多数票入选的规则，以无记名投票方式表决确定了65位入选者。

会议还决定，请因故请假的委员继续对候选经济学家名单通讯投票，并根据此项流程的统计结果，提请全体编辑委员会委员再进行一次通讯评审，最终确定丛书入选者为68位。

由此产生的《改革开放进程中的经济学家学术自传》丛书入选作者为（按姓氏音序排列）：白重恩、蔡昉、曹远征、常修泽、陈东琪、陈清泰、陈锡文、迟福林、樊纲、范恒山、房维中、高培勇、高尚全、郭克莎、郭树清、韩俊、洪银兴、华生、黄达、黄群慧、贾康、江小涓、金碚、李剑阁、李京文、李实、李晓西、李扬、厉以宁、林毅夫、林兆木、刘国光、刘鹤、刘诗白、刘世锦、刘树成、刘伟、隆国强、楼继伟、马建堂、彭森、钱颖一、宋晓梧、田国强、王梦奎、王一鸣、魏杰、魏礼群、乌家培、吴敬琏、吴晓灵、杨启先、杨瑞龙、易纲、余永定、张军、张军扩、张维迎、张晓山、张燕生、张宇燕、张卓元、赵人伟、郑新立、周其仁、周叔莲、周小川、朱玲。

在确定入选者名单之后，《经济研究》编辑部立即展开了组稿工作，共有46位入选者接受约稿。在这一过程中，入选的经济学家或其家属、秘书、好友等，对我们的工作给予了热情的支持，在百忙之中积极准备所需要的文献，其认真精神令人感动。应该说，没有他们的积极响应和大力支持，这套丛书是难以按时按质完成的。

由于入选的经济学家大多是名人、忙人，有一部分老作者也已年届九十高龄，约稿的工作量及其难度可想而知。一些作者提出暂不能写作，这多少令我们感到些许遗憾。其间也有许多感人的情景要告诉读者们：常修泽先生于2018年夏天在吉林延边的一个小镇闭门两三个月专事自传写作，在整个写作过程中数十次与编辑部和出版社沟通，包括内容完善、结构设计和一些合理性建议等诸多细节，并且在约定期限内交稿给编辑部；九十五岁高龄的黄达教授在写作过程中十余次通过电话或电子邮件与编辑部讨论写作重点和风格；乌家培、林兆木、王梦奎等老先生也是不厌其烦，反复就文字沟通润色；周叔莲先生在去世前一周还给编辑部打电话，告诉编辑自己已经基本完成了书稿的写作，并详细介绍了自己的写作过程和感想，我们至今忆此仍为之动容。在这些难得的沟通中，我们一次次被感动。

随着此套丛书的陆续编辑出版，我们越来越强烈地体会到了这项工作的意义和价值：

入选这套丛书的作者，系改革开放进程中的经济学家，他们的知名度较高，社会影响较大。这套自传体丛书，是对他们的代表性研究成果、学术贡献、成长历程及人格魅力的一个集中展示。对于广大读者特别是青年学子来说，这无疑是一个难得的学习、了解我国经济理论和现实问题的机会。

这些经济学家在各自的学术领域都是佼佼者或领军者，他们学术素养深厚、学术成就卓越。他们在自传中大多以第一人称娓娓道来，讲述了自己的家国情怀与学术成长经历，为记录我国改革开放历程留下了第一手资料。从经济史和思想史的角度看，这应该是非常有史料价值的研究文献。

众多大家的纸上风华，既映射出中国改革开放40多年取得的巨大成就，也是对中国改革与发展经验比较系统的总结。正如习近平总书记所指出的："从我国改革发展的实践中挖掘新材料、发现新问题、提出新观点、构建新理论，加强对改革开放和社会主义现代化建设实践经验的系统总结，加强对发展社会主义市场经济、民主政治、先进文化、和谐社会、生态文明以及党的执政能力建设等领域的分析研究，加强对党中央治国理政新理念新思想新战略的研究阐释，提炼出有学理性的新理论，概括出有规律性的新实践。这是构建中国特色哲学社会科学的着力点、着重点。"应该说，本套丛书的作者们用生动而精彩的人生与学术追求，践行了这一重要要求。

这套丛书的编辑出版与《经济研究》编辑部各位同仁的努力也是分不开的。他们通过电话、短信和邮件等方式不断地与作者或其家人、秘书等进行沟通。参加组稿和审稿工作的人员有:郑红亮、刘霞辉、张永山、唐寿宁、王利娜、谢谦、金成武、孙三百、陈小亮、欧宏、 王红梅、刘莹、曹帅。

广东经济出版社的领导和编辑在本丛书的出版过程中也做了大量的工作，正是有了他们的努力，这套丛书才能得以顺利与读者见面。

特别值得一提的是，这样一套组织工作浩繁的大型丛书，见证了《经济研究》编辑部与广东经济出版社值得称道的团队合作精神。编辑部的张永山、王红梅同志和广东经济出版社的编辑团队从始至终为丛书的组织沟通、约稿、文稿整理付出了大量的心血，他们的耐心和一丝不苟的敬业精神令人称道。

这套丛书就此付梓了，回望中国改革开放的辉煌岁月，携手丛书作者对祖国的拳拳心路与期待，我们略感欣慰！但由于时间仓促，加之我们的水平有限，书中的不足和错误之处在所难免，敬请广大读者批评指正。

《改革开放进程中的经济学家学术自传》丛书编辑委员会

2019年10月

作者简介

魏杰

恢复高考后的首届大学本科生，于1982年和1987年先后获得经济学硕士、博士学位。1988年破格晋升为副教授，1991年破格晋升为教授，1992年成为博士生导师。

曾任中国人民大学副教授、教授、博士生导师、经济研究所副所长、经济系主任，原国家国有资产管理局科学研究所所长，清华大学经济管理学院企业战略与政策系原主任、教授、博士生导师，清华大学中国经济研究中心主任。现为清华大学创新创业与战略系教授、博士生导师，清华大学文化经济研究院院长，清华同方讲席教授。论文与著述颇丰，曾获孙冶方经济科学奖等全国性大奖。曾任多家企业及政府机构的顾问，多家学术刊物的顾问或编委，中国国有资产管理研究会、中国经济体制改革研究会、中国市场经济研究会、中国环境文化促进会等学术团体的常务理事或副会长。1992年被评为国家级有特殊贡献的中青年专家，享受国务院特殊津贴。

魏杰学术自传

目录

壹

我的经济学人生与中国改革开放同步

我真正进入经济学界的时候，有幸碰上了中国改革开放的伟大时代，因而我的学术生涯与改革开放紧密地联系在一起了，我与同年龄段的经济学者一样，都是改革开放造就出来的一代经济学者。中国改革开放的40多年，也是我成长与学术进步的40多年。我的经济学人生完全融入中国改革开放的大潮之中。

一 童年与中学时代的记忆

从童年与中学时代谈起，并不是作自传所需要的，而是想说明一点，那就是：我对中国改革开放坚定不移地拥护与参与的朴素情感，恰恰是来自我的童年与中学时代。我于1952年10月出生在西安市正西方向的距西安市区30公里左右的一个名叫西江渡的小村子。这个村子的地理位置很特别：它的西面和南面是户县的地界，它的东面是咸阳的地界，但它却归西安市的长安县管辖，因而有“鸡叫一声听三县”之称。在我儿时的记忆中，这个村子的水很多，它北面紧邻作为“八百里秦川”母亲河的渭河，它的南面是秦岭的终南山，终南山上流下来的水经村子西面和东面的两条河流入渭河，村子的四周都被池塘包围，儿时经常和小伙伴在河里和池塘中抓鱼和游泳。但遗憾的是现在全变样了，河的上游工业发展加上管理不善，造成了河水水量变少和污染严重。

我虽然出生在西安这个历史名城，但当时却很穷。打我记事起，内心就有三件事永远不会忘记：第一件事是吃粗粮，肉蛋类及白面等细粮只有在几个像春节这样的重要节日里才能见到；第二件事是穿粗衣，即用农村人自己纺织并染色的土布缝制的衣服，这种布穿着很硬，而且染色不好，经常掉色，搞得皮肤蓝一块青一块的；第三件事是点油灯，因为我们这个村子是1964年才通电，而且在通电后，还有些人家嫌电费贵，在很长时间里仍然点煤油灯。在我儿时的记忆中，童年似乎没有多少幸福的事，只要能吃顿饱饭，就是最大的幸福，会因此而高兴好多天。

我6岁上学时，小学设在一个破旧的神庙里，教室既无桌子又无凳子，每个学生自带凳子，并且由每个家长为自己的孩子用土坯垒成一个小土桌。教室四面透风，下雨时还漏水。我就是在这样一个破旧不堪的学校里上完了小学。在这个学校任教的老师，并不是规范的师范学校毕业的，而且也没有太高的学历，大都是初中甚至小学毕业后就来任教的“民办教师”。就是这样的学校的所谓义务教育，也并不是所有人都能享受的。在我的记忆中，我的不少小伙伴没有读完小学就辍学了，原因是家里穷，刚刚能从事体力劳动，就帮助家人养家糊口去了。我能读到小学毕业，真是万幸。我的父母都是文盲，他们不想让我再受文盲之苦，因此再难也要让我上学。

我小学毕业后考上了初中，到一个离家约8公里远的叫沣西中学的学校去上学。学校里有食堂，但大多数来自农村的学生都吃不起食堂的饭菜，都是自带干粮。我每个星期天下午去学校时，要带上3天的干粮和一些咸菜，每顿饭都是干粮加咸菜，再加上学校免费提供的开水。每个星期三的下午再回家取些干粮和咸菜，维持到星期六。因此，我只有在每个星期六的晚上和星期天才能吃上真正的饭菜，也就是家里的粗茶淡饭。当时的所谓干粮，不是现在人们所讲的白面馍或白面饼，而是苞谷面掺少许的白面搞成的粗粮粑粑，既硬又难吃。就是在这样艰苦的环境中，我学习的积极性极为高涨。我当时努力学习的目的，不是像那些伟人一样为了振兴中华，而是为了改变自己的贫穷处境。打我记事起，父亲就常对我讲：像我们这样处于社会最底层的农民家庭，要摆脱贫穷，只有好好上学，别无出路。因此，从小我就是一个努力学习的好学生。

初二那年，“文化大革命”开始，学校停止上课。像我这样穷人家的孩子，当然没有财力去闹革命，似乎也没有心情去闹革命，因而就回家帮助父亲挣工分养家。后来毛主席号召知识青年到农村去，我也就是初三时回到了家乡，成了真正的农民。那个时候中国人民生活极苦，我每天拼死累活，也只能挣到价值7分钱的工分。当时为了挣点钱，村子里每家都搞了一种经营活动，就是生产豆芽，然后用人力车拉到咸阳市或者西安市区去卖，往返要走70多公里路。但我仍然不怕苦，很乐意干这件事，因为卖完豆芽后，可以花3角5分钱用自己家做的馍子在羊肉泡馍馆吃一大碗羊肉泡馍，这在当时对像我这样的农民子弟来说，简直就是天堂式的享受。在农村这个广阔天地里，我真正体会到了中国农民的艰辛，也真正体会到了“左”的危害。如果说后来我对中国经济改革很有自觉性的话，那么这段在农村的艰苦经历起了很大的作用。农村生活越是苦，我就越发奋读书，幻想总有一天能考上大学。因此，在农村劳动时，读书仍是我主要的业余生活爱好。虽然当时无法上学，但我总是设法借各种书来看。当时我对中医很有兴趣，曾经有一段时间借村中一名乡村医生的古医学书来读。

1970年9月，不知道是什么原因，农村开始恢复高中学习制度，我又做起了上大学的梦，于是我又上了高中。在读高中的两年中，我努力学习，希望能毕业后考大学。但当时实行的是工农兵学员制度，高中毕业后不能直接考大学，所以在高中毕业前，我又做好了一辈子务农的准备，并且为自己购置了一套新的农具。但就在毕业前的两个月，出现了意想不到的好事，就是这个偶然的机遇，彻底改变了我的一生。这个机遇就是当年实行的师范学校从高中毕业生中招生的政策。

当时国家在“文化大革命”一开始就停办了师范院校，因而到了“文化大革命”后期，国家的中小学教师到了奇缺的程度，甚至因为缺少师资力量，有的学校已无法正常开课，所以当时国家决定恢复师范教育。当然，按照当时的所谓教育革命的精神，学生主要还是来自有实践经验的工农兵，以工农兵学员为主，但当时有关方面又考虑到教师的职业特点，所以决定也可以适当地招收一些应届的高中毕业生入学。据此精神，当时的西安市革委会就决定由西安市市属的每个中学推荐一名优秀的应届高中毕业生，进入陕西省西安师范学校（简称“西安师范”）学习。我当时正在西安市的沣西中学读高中，即将高中毕业，因为我高中期间的考试成绩一直名列全校第一，而且又很听老师的话，在学校领导和老师的眼中，我是一个好学生，所以学校就推荐了我进入西安师范上学。

二 西安师范初萌经济学

我进入西安师范学习的时间是1972年9月，当时正值中国处于极左的年代，全国经济极为紧张。我们每月的生活费为8元，每个学生的粮食定量为34斤，其中有40%为杂粮。因为生活费太少，所以我们只好吃“大锅饭”：每8个人为一桌，8个人共同吃一份饭。而且当时规定，若学生不在校吃饭，其生活费及粮票作废，钱与粮票不发给其本人。如此低的生活费和粮食供应，对当时我这样一个正在长身体的小伙子来说，实在是太少了，所以我感到自己经常处于未饱肚子的处境之中，对饿肚子的滋味深有体会。当时我能吃饱的时候是星期六的晚上和星期天，因为同我一桌吃饭的西安市城内的学生都回家过周末了，我这一桌只有我和另外一个来自农村的同学，因为离家太远，无力支付交通费而留校不回家，所以我们两个人吃8个人的饭菜。当时虽然星期天不回家，但心里却很高兴，因为能吃饱肚子。这种一星期里6天饥饿而1天暴食的无规律生活，导致我生了一场大病：肠梗阻。给我做手术的是工农兵学员的实习生，医术极低，甚至连乡村医生的水平都达不到，结果在做手术时造成我伤口感染，致使我的身体遭受了极大的摧残。

西安师范学校当时分为中师部和专科部，中师部是培养小学老师，专科部是培养中学老师。我入学时进入的是专科部，专科部分为数学科、物理科、化学科、中文科、政治教育科（简称“政教科”）。我当时非常想进入数理化中的任何一科，因为我总想学一门能靠自己本事吃饭的专业，“学好数理化，走遍天下都不怕”的思想当时对我影响很大，但我却意外地被分到了政教科，心情很烦闷，不过没有办法，还是得服从分配，只好硬着头皮去政教科学习。

政教科当时开了3门主课，分别是哲学、政治经济学和科学社会主义。因此，我对于经济学的学习，实际上应该从我在西安师范学习政治经济学时开始算起。不过，当时我学习政治经济学的时候并没有系统的教材，也没有可读的相关的理论著作，不像现在，这方面的读物到处都是。我记得当时只有于光远老先生写的一本很薄的政治经济学教程，主要是讲资本和剩余价值理论。当然，当时《资本论》倒是到处可以买到，不过像我这样一个还不到20岁的小青年，是不可能读懂那样的大部头专著的。尤其是当时给我们上政治经济学课的老师是学中文的，而且又长期教中文，给我们讲政治经济学是他生平第一次，所以他也不可能有能力辅导我们读《资本论》，甚至我感到他连讲政治经济学的基本范畴都很吃力。我记得他当时给我们讲课时基本上是念于光远老先生写的那本小册子，照本宣科，让人觉得很枯燥。当然，当时的学习除了讲资本和剩余价值理论外，还讲了一些所谓社会主义政治经济学的内容，主要是强调公有制的公有程度越高越好，计划经济要远远比市场经济有优越性，按劳分配还体现资产阶级法权，因而会产生新的资产阶级，需要在无产阶级专政下继续革命，等等。基本上是反映极左思潮的经济理论。当时我们这些学生只有20岁左右，因而对这些东西似懂非懂，完全靠死记硬背来学习。当时教育改革的一个重要内容是开门办学，学生要走出去，在实践中学习，所以学校给我们安排了很长时间在实践中学习，让我们去学工和学农，向工人和农民学习政治经济学。

学农我们选择了西安郊区的一个村子。学农主要是理解农村社会主义集体经济的优越性，尤其是要搞清楚农村的集体所有制如何从“三级所有、队为基础”，逐渐向大队所有和公社所有过渡，最后实现全县所有的远大公有制目标。当时村子为我们派了一位老贫农，讲集体所有制的优越性，谁也没有想到，这位老贫农讲着讲着，竟然说，新中国成立那一阵子，他们分到了地主的土地，那个心情就别提有多畅快了，生产干劲十足，许多人天刚亮就下地干活，到了天完全黑了无法干活了才回家，那几年每家都有余粮，日子开始富足了，但是后来又不得不加入农业生产合作社，直到成立人民公社，实行了集体化以后，人慢慢开始变得没积极性了，没有人好好干活了，到了20世纪60年代就开始饿肚子了。我们听着听着似乎觉得人民公社搞坏了生产积极性。后来我们又对庄稼地进行实地考察，发现农民自留地的庄稼长得要比生产队的好，我们请村里的领导帮忙解释这种现象，村领导说这就是农民的“资本主义尾巴”，就是小农的自私自利意识的反映，最后都要被割掉。我们班一个同学感慨地说：“全国农民都有这种‘尾巴’，而且长得还很结实，我们怎么割呀！”当时进驻我们学校的工宣队老师严厉地批评了这个同学，说他无产阶级思想还不够坚定，吓得这个同学直哭。

从上述的回忆就可以看出来，当时经济理论教材奇缺。直到快要从西安师范毕业的时候，我才买到了一本当时公开出版的由中国人民大学徐禾教授主编的《政治经济学概论》。这本书是我见到的第一本系统介绍马克思“资本论”基本思想的公开读物，虽然这本书在当时的历史条件下也还有批判的味道，但总算是一本较为真实地系统概述马克思的政治经济学基本原理的好书。我用了三个月时间认真地读完了这本书，对于马克思的政治经济学基本理论总算有了初步的认识和理解，向经济学的大门跨进了第一步。

1974年7月从西安师范毕业后，我并没有被分配到中学去教书，而是被分配到西安市教育局工作，在教育局工作了一年后，我又回到西安师范工作，在当时的西安师范政治处任理论干事。当时我刚刚23岁，精力旺盛，把更多业余时间都用在了学习经济学上。因为在政治处工作，所以我能在学校图书馆中看到一些被封存的西方经济学的论著，其中包括马尔萨斯的《政治经济学原理》、马歇尔的《经济学原理》、凯恩斯的《就业、利息和货币通论》等。因此，我当时是一边半信半疑地读着像《学习与批判》这样的刊物上刊登的有关政治经济学的理论文章，一边又半懂不懂地读着一些西方经济学的名著，脑袋里边基本上是一团“糨糊”。我将那几年称为自己在经济学学习上的“糨糊”时期，当时在经济学思想上并无“主心骨”。

三 经济学本科及硕士研究生时期

1977年我国恢复高考制度，这一年我25岁，按常规讲，这个年龄应该是早已大学毕业了，而我却要参加高考，这也是中国“文化大革命”这种特殊的历史时期产生的奇特现象。但是对我来说，高考虽然迟到但却极为有意义，是不可多得的人生机遇，这个机遇对于改变我的人生来说，其作用无论如何高估都不为过。当然，机遇终归只是机遇，能否抓住，则要看自己的努力了。我记得当时为了备战高考，几乎用上了所有的休息时间，因为当时还有工作任务，只能利用休息时间复习。我每天几乎都是5点准时起床复习，到8点上班时，已经复习了3个小时，下班后学习到第二天凌晨1点多才上床休息。从高考报名到参加高考，也就一个多月的时间，我竟然将高中的数学、语文、历史、政治、地理等课程认真复习了一遍，然后满怀信心地参加了高考。因为实在太累了，所以高考一结束，我昏睡了几天后身体才逐渐恢复过来。现在回想起来，我都不明白自己当时为什么会有那么强的信念，那么大的冲劲。这种特有的历史现象，只有在像我们这种经历过特殊历史时期的人身上才会发生。

功夫不负有心人。在考生众多，而且招生名额又极其有限的残酷竞争下，我竟然考上了西北大学这样的历史名校，成了当时人们所说的“历史的幸运儿”。我在填写高考志愿时，所选择的专业是哲学和历史，并不是经济学，是招生委员会将我分到了经济学专业，所以进入经济学界属于“歪打误撞”。但就是这个歪打误撞到的经济学专业，彻底改变了我的人生，这个专业使我的人生价值在后来的几十年中充分地突现了出来。1978年，党将工作的重点转移到以经济建设为中心的轨道上来，这种伟大的战略转变，对中国后来的发展具有划时代意义，不仅改变了中国，同时也使经济学这门古老的学科成为“显学”。这种转变使得经济学工作者被推到了激烈变革的社会经济实践的第一线，被带入社会最具有活力和最具挑战性，但却又最易成功的社会经济活动中，也就是带到了“社会舞台的中央”和“聚光灯”之下。因此，我又成了幸运儿中的幸运儿：经济学成就了我的幸福人生。

考入大学后，我从有关方面获悉，我们这个班当时高考成绩非常好。后来的事实证明，我们这个班确实是人才济济，著名经济学家刘世锦、张维迎以及著名企业家冯仑等人，都在我们这个班，毕业后大多数同学都事业有成，没有辜负历史提供的难得机遇。

记得刚入学时，我们确实对知识如饥似渴，学习的积极性极为高涨，上课时速记，下课时认真整理笔记，每天的主要活动场所就是教室与图书馆，很少有休闲与娱乐的时间。用当时的流行语来形容，就是“为中华之崛起而读书”，要将损失的青春夺回来。

但很遗憾的是，入学半年之后，我就遇到了两个苦恼的问题：一个是因为当时“文化大革命”刚刚结束，经济学的教学并没有完全摆脱传统经济学和传统社会主义经济理论的束缚，教学体系及内容都没有实质性变化，而且讲到社会主义经济体制时，仍然是讨论原有的那些“教条”，几乎没有太大的理论创新，再加之大学所教的经济学ABC知识我早已自学过，就连当时经济学界奉为经典的《资本论》我也早已通读过，坐在教室里听自己已掌握的东西实在难受；另一个是经济上遇到了困难，因为当时规定只有有五年以上工作经历的学员才能带工资上学，而我的工龄还差三个月才能带工资，所以我只能拿到每月15元的补贴，生活很难维持，25岁的人了，也不能再向家里伸手要钱，况且家里也很穷。

就在这个时候，国家恢复了研究生制度，而且当时规定在校读大学的未毕业的学生也可以报考，以同等学历报考。因此，我决定放手一搏，报考著名经济学家何炼成先生的研究生。大学刚上了几个月就要考研，对我来说的确是很大的挑战，也有很大的压力。当时班里的一个同学对我说：“你如果考不上咋办？多丢人呀！”当时压力真是大呀！为了考研，我几乎没有了节假日，每天早上5点左右就起床学习，晚上都是12点以后在教室熄灯后才离开教室回宿舍。当时让我感到压力最大的是英语，因为过去底子薄，又要在很短的时间内学完当时规定的大学本科的英语教材。我们班的冯仑同学（现为万通董事长、著名企业家）外语很好，成了我求教的对象，我曾经多次在周日去冯仑家求教。功夫不负有心人，最后我在考试中胜出，其中英语考了78分。据当时招生办的老师讲，我考试总分在当时的陕西文科考生中排名第一。我终于达到了自己的目标，如愿以偿，考取了著名经济学家何炼成先生的研究生。

研究生时期的最大特点是可以自由地阅读，听老师讲的课程实际并不多，因而可以整天待在图书馆中阅读一些经典著作。回想起来，当时阅读的“三论”对我影响甚大：一个是马克思的《资本论》，一个是亚当·斯密的《国富论》，一个是凯恩斯的《就业、利息和货币通论》。当时读完这“三论”后，我认识到三个问题：一是人类社会经济生活的最主要问题是选择有效的资源配置方式，资源配置方式从根本上决定着经济发展；二是西方现代经济体制是按照市场在资源配置中起决定性作用而建立起来的，所以那些资本主义国家被称为市场经济国家；三是当时包括中国在内的社会主义国家是按照计划在资源配置中起决定性作用而建立经济体制，所以被称为计划经济国家。后来根据这些认识，并结合当时中国经济效益低下且结构失衡的现实，我写出了硕士论文。论文的核心内容是认为计划经济在资源配置中具有僵化和缺乏活力的缺陷，因而中国经济体制要更加重视市场的作用，在改革中要强化市场机制的作用，不要将市场调节及市场机制看作资本主义的专利，它是人类社会经济发展的必然路径，计划与市场似乎更多的是社会生产力发展的必然产物，并不是划分社会主义经济体制与资本主义经济体制的主要标准和依据。不过，当时中国经济学界的主导思想是计划经济属于社会主义经济范畴，而市场经济则属于资本主义经济属性，再加之中国当时的宪法明确提出中国实行计划经济而消灭市场经济，因而此硕士论文答辩遇到了一些意想不到的困难。虽然第一次答辩很艰难地通过了，但导师要求我对论文做较大修改，尤其是不能抹杀计划经济与市场经济的社会制度属性，虽然可以重视市场调节与市场机制的作用，但绝不能否定计划经济的主体地位，改革的方向应该是以计划经济为主，以市场调节为辅，市场只对小商品及小流通有作用，只能起到拾遗补阙的作用。根据这种要求，我对论文做了些修改，转向重点是探讨市场调节如何发挥辅助作用，偏重于探讨市场调节的具体路径，而较少触及那些非常敏感的意识形态较强但实际上又非常重要的问题，因而第二次论文答辩顺利通过，并如期获得了经济学硕士学位。

在西北大学读研期间，有件事回想起来比较遗憾：就是关于外语的问题。我考西北大学研究生时，外语是英语，但读研究生之后，因为西北大学与日本京都的同志社大学有合作协议，学校让我将外语改为日语，说这样可以去日本学习。这样的结果等于丢掉了英语，因为一般来说，一个人很难同时熟练掌握两门外语，尤其是我考研究生时英语是“突击”出来的，基础并不扎实，一放下不学，就等于丢掉了。当然，有些天才人物是可以掌握多种外语的，但像我这样的普通人不行。后来我在学习日语中投入了大量的时间和精力，虽然日语学习为我后来多次去日本学习及研究打下了基础，且我考人大博士时也是将日语作为外语的语种而参加外语考试的，但是日语终归是一个小语种，况且日本经济学也是从欧美国家引进的，属于“外来品”，因而丢掉英语给我后来进行国际交流产生了很大的障碍，在很大程度上限制了我的学术发展。

四 攻读经济学博士学位的岁月

在我获得经济学硕士的第二年，即1983年，我国开设了博士学位教育制度，我有了攻读博士学位的想法。当时我国具有经济学博士学位授予权的只有中国人民大学、北京大学、复旦大学等几所名校，我最后决定报考当时作为中国经济学界最高学府的中国人民大学的经济系，导师是著名经济学家卫兴华教授。在做出考博决定之后，我全身心地投入极为艰辛的准备考试的复习工作之中。因为报考的是名校与名导师，而我又出身于中国西部的高校，在学术地位及信息和思维方式的转递上，似乎无任何优势可言，所以倍感压力，几乎是玩命地复习各类要考的科目，没有了节假日，除了工作时间之外，所有能利用的休息时间都用于复习，晚上几乎没有在12点之前休息过，有时晚上就住在办公室，几张办公桌拼起来就是床。现在回想起来，那个时候真是有一种“拼命三郎”的精神，似乎浑身都是用不完的劲。

虽然经过一年左右时间的认真准备，但我去人大参加博士生考试时，仍然感到很紧张。1984年人大刚刚开始招收经济学博士研究生，考试制度极其严格。专业课不仅有笔试，还有面试。外语考试也极其严格，不仅有笔试，还有听力考试。经过考试与人大的反复审核之后，我终于考到了人大经济系。与我同时考取卫兴华教授博士生的，还有曾任南京大学党委书记的洪银兴教授、曾任中共中央政策研究室经济局局长的李连仲研究员，我们三人成了卫兴华教授博士生的开门弟子。

回顾求学经历，我感到对自己来说，似乎考试是上升的唯一通道，只要是用考试来选人的竞争，我基本都能如愿以偿，因而感到考试能较为充分地反映机会的公平。我认为现在国家改革高考制度及研究生考试制度是对的，但任何时候都不能取消考试制度，若取消了考试制度，也就没有了真正的机会公平。考试制度虽然需要改革，但它现在仍然是众多选人方式中最能充分反映机会公平的有效方式。

考取中国人民大学经济学博士研究生之后，入学报到时，有两个让我印象非常深刻的地方：一个是人大真是名师汇集的地方，这些著名学者的专著及论文早就影响过我，有的书在20世纪70年代初就读过，像由徐禾教授主编、人大许多教授参加编写的《政治经济学概论》，我1973年就看过；另一个是同时入学的各学科的博士研究生都很优秀，他们中的不少人在入学前就已在学界崭露头角，发表过不少有分量的论文，真是精英齐聚。后来我才发现，在1983—1987年这五年入学中国人民大学的博士生，基本上都是我国60年代后期到80年代初中期这20余年在社会上积累起来的一批精英。这与“文化大革命”这个特殊时期有关，他们在当时的历史条件下无法按正常教育秩序读书，因而一旦教育秩序走向正轨，他们就涌现出来了。人大在80年代中后期之所以在学术上极为活跃并处于前沿地位，实际上与这一时期入学的博士生有关，因为他们当时都是以人大博士生的名义发表文章的，显现出的是人大的学术地位和水平。这些博士生毕业之后，大都成了自己所在学科的学术骨干，直到现在他们中的许多人仍然在本学科中有权威性。当然，他们中也有不少人进入政界与商界，成为政商两界的精英。

正因为人大具有良好的师资资源和学术气氛，所以在人大攻读博士学位的那几年，我所处的学习环境甚好，既有名师的指点，也有同学之间的相互启迪。回想起来，那时的正能量的确很强，虽然生活很清贫，也少有娱乐活动，但同学们的学习积极性都很高涨。大家经常熬夜到12点才用电炉子煮点方便面作为夜宵，而这个时候也正是同学们在学术及信息上相互交流的时候，大家端着方便面相互串门，边吃边聊，很是开心。那个时候，同学之间真是“比学赶帮”，大家都感到不努力就会落伍，就会被淘汰，同学之间的带动力确实很强。我深深感觉到强者之间的竞争，确实具有正向的推动力。

我在人大攻读博士学位的那几年，正是中国经济体制改革已经全面且深入启动的几年，当时北京经济学界的思想极为活跃，各种有影响的“沙龙”及研讨会如雨后春笋般地开展，我们这些博士生也成了积极的参与者。我与中国经济学界众多人士的交往，大都发生在这一时期。当时的各种研讨会中既有经济学界的“元老级”人物，也有年轻的后起之秀，人们的思想之活跃，所探讨的问题之尖锐和敏感，都是前所未有的。实际上，后来中国经济体制的改革思路及战略举措，大都在此时期就已经提出来了。应该说，20世纪80年代，尤其是80年代中后期，是一个非常值得怀念的重要时期。

中国改革开放的历史性变革，为中国经济学界提供了坚实且广阔的舞台，经济改革的实践不断向经济学工作提出理论挑战，这种理论挑战促进了经济学的繁荣和进步。反过来，这种学术上的繁荣与进步，又潜移默化地为经济改革的实践增强了方向上的坚定性，提供了操作上的思路。正是这个实践与理论激烈变革的80年代，为中国经济学界的发展带来了良好的机遇，后来很长一段时间甚至一直到现在，在中国经济学界很有影响力的一些人，大都成长于80年代这个时期。“时势造英雄”，这句话千真万确。没有改革开放这样的历史巨变，就不会有这批成长于80年代的著名经济学家。我的经济学人生，也正是得益于中国的改革开放，得益于80年代，可以说我是在改革开放中成长起来的。我在攻读博士学位期间，之所以不断有论文发表和著作出版，就是因为有中国改革开放的深厚实践，实践推动了学术上的进步。从这点上讲，我们这代经济学工作者，是中国改革开放的受益者。

回顾1984—1987年在人大攻读博士学位的美好时光，到现在仍然记忆犹新的，是当时学校的良好学风及同学们的拼搏精神。学习期间似乎很少有人谈论赚钱及毕业后的去向，大家都是专心做学问，将做学问作为头等大事，好像别的事与自己都关联不大，感到如果没有论文发表就是一件很丢人的事，因而大家在一起谈论最多的就是学术上的事情，是改革实践中的新动向及新信息。那个时候发论文是一件很难的事情，因为杂志数量有限，所以论文一旦发表，我就非常兴奋，为自己的努力被认可而感到欣慰。尤其是在后期，随着学术名气的提升，加之改革的深入，论文发表的数量越来越多，稿酬也相当丰厚。我到博士毕业时，虽然并不像有钱人那么富有，但在生活中已经很少有缺钱的困扰，当时深感书中真有“黄金屋”。但是，那时候做学问并不是为了挣钱，而是为了探索真理，所获的稿酬仅仅是对自身努力的一种肯定而已。为钱做学问并不是真正的做学问，受利益诱导的学问往往是伪学问，甚至会为某些利益集团的非正常利益进行辩护，因而做学问需要平常心和求实的精神。

良好的学习环境及社会氛围，使得我在1987年9月顺利地完成了博士论文，并于10月完成了答辩。已故的著名经济学家董辅礽先生是我博士论文的主要评阅人之一，著名经济学家吴敬琏老先生是我的博士论文答辩委员会成员之一。博士论文答辩之后，我又紧接着根据当时中国人民大学的博士培养计划东渡日本，与日本京都同志社大学经济学部的世田友三郎及筱原总一先生进行了为期一年的共同研究，共同研究完结之后，我才算正式博士生毕业。

在我的求学生涯中，不能不提1987年9月去日本京都同志社大学进行合作研究，因为那次是以博士研究生身份去的，属于中外联合培养博士项目，也是我求学生涯的最后一站。那是我第一次出国。那时出国并不像现在这么容易，不仅要政审，而且要集中培训，培训主要是要强调政治纪律，强调要增强抵抗资本主义生活方式诱惑的能力。我记得当时的培训地点是北京语言大学。因为那是我第一次出国，所以一到日本，就被日本当时的经济繁荣、基础设施现代化、公众文明程度极高等现象震惊。

在从小学到大学的求学过程及后来的研究生学习实践中，我慢慢悟出了一个重要的人生道理，即在人权上人们应该是完全平等的，但人与人实际上是有很大差异的，这种差异来自三个方面：一个是人的自然禀赋，也就是由人的各自基因决定的天赋，在其他条件相同的情况下，自然禀赋的差异导致了人的极大差异，在同等条件下，有些人可以考取名牌大学，而有些人甚至连大学都考不上；另一个是初始禀赋，即家庭带来的禀赋，包括家庭在经济生活、社会地位、文化素质等方面带来的禀赋，在其他条件相同的情况下，初始禀赋也会引起人的差异；还有一个是机会禀赋，即社会提供的机会禀赋，也就是社会是否提供了平等的机会，如果社会不能提供平等的机会，将无法显示人的真正能力，例如“文化大革命”时期取消了高考制度，那么再聪明的人也无法上大学，因而机会禀赋也是很重要的。从理论上讲，似乎同时具有上述三种禀赋时，一个人可能会获得巨大成功。但在现实中同时具有三种禀赋是极为困难的，能有第一种禀赋与第三种禀赋的组合就很不错了。

五　因经济学而结缘的四大机构

我基本上是在西北大学、中国人民大学、原国家国有资产管理局科学研究所和清华大学这四大机构中度过经济学学习与工作生涯的，它们都是我经济学生涯的“圣地”，都给我带来了终生难忘的幸福回忆，使我回味无穷。它们带来的幸福回忆，实际上也是使我精神享受与愉悦的重要组成部分。随着年龄的增长，这种情况就更多了。

我在西北大学经济系先是读了一年多的本科，然后在1979年秋季提前考取了硕士研究生，1982年9月研究生毕业后留在经济系任教，直到1984年秋季因为考取中国人民大学的博士生而离开，前后在西北大学一共学习和工作了7年多的时间。在这段时间中，我首先按照学校的要求认真和系统地研读了《资本论》，甚至研读到了连某些重点段落和重点句子都能熟背的程度。当然这个时期我也开始大量阅读当时引进的西方经济学的原著。这段时间我虽然是以学习为主，但也开始思考经济发展中的相关问题，写了一些在现在看来还并不是很成熟的论文，这些论文有些已经找不到了，现在还能找到的有：1980年在《西北大学学报》第3期上发表的《试谈按比例规律在社会主义条件下的实现形式》；1983年在《西北大学学报》第4期上发表的《多劳多得要顾及国家利益和左邻右舍》，在《赣江经济》第11期上发表的《如何处理农村生产队内部的土地级差收益》；1984年在《农业经济问题》第8期上发表的《略论乡镇工业的作用》，在《陕西金融》第3期上发表的《民间借贷——农村金融活动中的一个新问题》，在《经济与管理》第6期上发表的《略论工业企业的招标投标式承包责任制》，在《农业经营管理》第4期上发表的《我国农业水利发展战略初探》。在西北大学的这段时间我还协助何炼成教授完成了《价值学说史》一书，全书40余万字，由陕西人民出版社于1984年出版。在当时的历史条件下，本书将劳动价值论作为唯一的科学依据来分析人类历史上的相关思想，因而这本书从现在来看，虽然其资料丰富，分析线索也很清晰，尤其是提出了对这些思想家的流派重新划分的标准，但该书对西方经济学家关于价值思想的批评是有历史局限性的，这本书留下了深深的历史痕迹。总之，我在西北大学期间，我国的改革开放才刚刚起步，大规模的经济体制改革并没有开始，因而研究工作只能停留在一些基本的经济范畴上，只能停留在一些经济发展中遇到的小问题上，还很难说自己已进入真正的经济学研究之中。

我于1984年秋考取中国人民大学经济系卫兴华教授的博士生，1987年博士毕业之后留中国人民大学任教，先是担任中国人民大学经济研究所的副所长、副教授、教授、博士生导师，后来又任中国人民大学经济系主任、教授、博士生导师，到1996年6月离开中国人民大学。这段时间是我在学术生涯上获得很大成绩的12年。这段时间我先后在各种刊物上发表过论文，当然在有的刊物上曾发表过多篇论文，这些刊物是：《中国社会科学》《经济研究》《经济学动态》《中国工业经济研究》《财贸经济》《农业经济问题》《管理世界》《人民日报》《经济日报》《中国财经报》《金融时报》《光明日报》《中国企业报》《求是》《工人日报》《经济参考报》《经济理论与经济管理》《中国人民大学学报》《学术研究》《上海社会科学》《上海经济研究》《学术月刊》《学术论坛》《宏观经济管理》《金融研究》《财经科学》《社会科学战线》《北京社会科学》《北京日报》《天津社会科学》《江海学刊》《经济学家》《开发研究》《学习与实践》《经济问题》《改革与战略》《广州社会科学》《江西社会科学》《学术论丛》《学术界》

《东岳论丛》《云南社会科学》《中州学刊》《求索》《湖南社会科学》《天府论坛》《社会科学》《经济问题研究》《探索》《高校社会科学》《教学与研究》《现代企业导刊》《中央财经学院学报》《福建论坛》《江汉论坛》《湖北社会科学》《云南财贸学院学报》《改革与理论》《理论探讨》《争鸣》《学习与探索》《投资管理与研究》《体制改革探索》《经济纵横》《长白学刊》《贵州财经学院学报》《经济与社会发展》《河北财经学院学报》《新疆社会科学》《经济与管理研究》《人文杂志》《中国经济问题》《理论学刊》《经济问题探索》《改革》《经济论坛》《企业经济》《商业经济论坛》《社会科学辑刊》《消费经济》《河南财经学院学报》《贵州社会科学》《生产力研究》《当代经济科学》《中国金融》《甘肃社会科学》《中国国情国力》《理论界》《山东经济》《人民论坛》《党校论坛》《浙江学刊》《江苏社会科学》《兰州学刊》《经济与社会发展》《商业经济研究》《中国企业家》《重庆社会科学》，等等。1997年在《经济学家》第1期发表的《变革时期的中国经济学——社会报刊文献统计分析》一文，对中国经济学家自1979年至1995年的论文发表状况进行了分析。根据分析，我在这一时期的高产经济学家中排名第四，在这一时期的高摘用率经济学家中排名第八。因此，在中国人民大学的12年，是我人生中最为重要的阶段。人大给了我很大的荣誉：1988年，也就是博士刚毕业的第二年，我被破格提拔为副教授，3年之后，也就是1991年，又被破格提拔为教授；在人大期间，我获得了孙冶方经济科学奖、中国图书一等奖等全国性大奖，并被评为有特殊贡献的中青年专家，享有国务院特殊津贴。因此，在人大繁忙但却心情舒畅的12年，将永远值得我怀念。

我是1996年6月正式调入国家国有资产管理局的，但我实际上在1996年初就开始进入工作状态了，所以如果从1996年初算起，到1998年12月由于国家国有资产管理局正式被撤销而离开，我在那里实际上工作了3年。我在原国家国有资产管理局任科学研究所所长，该所是一个拥有几十个研究人员的强大研究机构，因而这段时间我不仅自己做研究，而且主要从事科研领导工作。根据原国家国有资产管理局工作的需要，在这3年中我领导的科研所的研究重点主要是三大问题：关于国有经济战略调整问题、关于国有资产管理体制改革问题、关于资产重组和资本经营问题。有关这三大问题的研究成果都陆续出版，对当时相关的经济政策的制定及理论研究，都有很大的影响。国家国有资产管理局科学研究所在当时的政府研究机构中，是一个较有影响力的研究所。在原国家国有资产管理局的3年工作经历，使我对国有经济改革、国有资产管理体制改革等问题，从实践上有了更深刻的认识，因而这是对我的学术生涯有着重要影响的3年。

我是1999年1月正式进入清华经管学院工作的，到我写这本书的时候，已在清华度过了差不多20年，清华成为我工作时间最长的单位。我调入清华的时候，曾向学校表露过不要让我再担任任何行政职务，同时也别再过多地约束我的时间，我的事情比较多。学校方面很体谅我，除了让我担任过8年的创新创业与战略系主任及中国经济研究中心主任这类业务性职位外，并没有让我参与行政方面的工作，我对此十分感激。我在清华的教学工作分两部分。第一部分是学位教育，主要给研究生及各类MBA（工商管理硕士）包括EMBA（高级管理人员工商管理硕士）上课。主要开设了两门课，一门是中国经济体制改革的理论与实践，主要分析中国经济体制改革的历史进程和理论创新，涉及市场经济改革、财产制度改革、宏观经济体制改革等内容；另一门是中国企业改革与发展的理论与实践，相当于企业经济学的内容，涉及企业制度问题、企业战略问题、企业文化问题、企业定位问题、企业哲学问题等。第二部分是非学位教育，即对企业界及政府界进行非学位的非系统性经济学教育。在这类教育形式中我重点分析中国改革及发展中的热点问题，例如，1999年讲授如何启动中国经济问题，2003年讲授如何防止经济过热问题，2006年讲授关于流动性过剩问题，2008年讲授如何保增长的问题，2013年讲中国经济新常态，等等。根据研究为教学服务的原则，我在清华的研究工作也就基本上按照上述的教学需要而进行，完成了有关中国经济体制改革的几本专著，完成了企业经济学的有关专著，并对不同时期的改革与发展的热点问题，形成了自己的研究成果，并大都发表在有关刊物上。在非学位教育中，因为学员大部分都是来自企业经营的第一线，因而经常会提出新的问题，这对我的研究工作有极大的促进作用。我的基本做法是先将自己的研究成果拿到课堂上同学员讨论，在讨论中加以深化，成熟之后才拿去发表，因而将不成熟的研究成果与学员共同讨论，将成熟的东西在有关刊物上发表，成了我研究工作的重要内容。

教学相长是推动科研与教学工作的重要举措，我们不能总将自己放在比学生更专业的位置上，而是要注重倾听来自一线的声音，不断提升自身的学术水平。进入清华之后的时光，既是我一生中教学工作做得最多的时期，也是我研究成果发表最多的时期。我想，在有生之年还能再为国家的改革做点事吧！当然，这里要感谢学校历任领导与同仁们的帮助，给了我不少荣誉，例如实行责任教授制度时我被评为责任教授，实行讲席教授制度时我被评为同方讲席教授，而且有幸获得了清华大奖——“良师益友奖”。

贰

我对中国改革开放进程的审视与感悟

如前所述，我进入经济学界的时候，恰逢中国改革开放征程启动之时，因而我有幸亲身经历了中国这40多年的改革开放进程。作为一个经济学者，我对中国改革开放进程的参与和观察，当然会以经济的方法为基点。从经济学角度来看，我认为我国改革开放实际上要经历三个阶段。第一个阶段是1978—2002年，这一阶段属于大规模经济体制改革阶段，几乎涉及传统经济体制的各个方面，例如产权制度改革、市场经济改革、收入分配体制改革、非公有经济发展问题等；第二个阶段是2003—2013年，这10年的改革特征是新旧体制的磨合，新体制形成后还并未完全取得社会的共识，新旧体制还有冲突，出现了一些体制摩擦，因而这一阶段非常注重新旧体制的磨合，注重强调和谐社会与科学发展观，推动包容性增长，加强以民生保障为特征的社会政策的协调，等等；第三个阶段是2014年至未来的一个时期，即国家强起来的时期，这个时期的特点是从以经济建设为中心的改革，转向“五位一体”的全方位改革，即政治、经济、文化、社会、生态五大改革，在全面改革中全面建成现代化强国。对于中国改革开放历史进程的这种划分，似乎并不太符合某些说法，但作为一个学者，我确实是有这种感悟。我想，这种感悟不应属于离经叛道之说吧。

一 大规模经济体制改革时期的任务和历史使命

大规模经济体制改革时期，实际上就是我们不断冲破传统社会主义经济理论，大规模变革传统社会主义经济体制的过程。这个过程可以概括为：以有中国特色的社会主义经济体制取代传统社会主义经济体制。在分析时，我们发现这个过程有一个非常有意思的现象，就是我们的改革实际上是在不断地将传统社会主义经济理论批判的一些理论和体制，引入有中国特色的社会主义经济理论体系中，引入我国的有中国特色的社会主义经济体制中，在社会主义的前提下改革我们的传统经济体制。例如，传统社会主义经济理论将非公有制经济与社会主义经济对立起来，认为只有公有制才是社会主义的本质要求，尤其是只将国有制作为社会主义经济的本质特征和基础，而我们在改革中则将非公有制经济引入社会主义经济之中，而且推动其大力发展，使国有经济实现公司化股份制改革。又例如，传统社会主义经济理论将市场经济与社会主义经济对立起来，认为市场经济就是资本主义经济，只有计划经济才是社会主义经济，因而到处割"市场经济的尾巴"，而我们在改革中大力发展市场经济，将市场经济作为资源配置的基础性机制，建立起现代化市场经济体制。总之，新体制大规模建立的过程，就是不断冲破传统社会主义经济理论束缚的过程和有中国特色的社会主义经济理论体系建立的过程，就是传统社会主义经济体制被变革的过程和有中国特色的社会主义经济体制建立的过程。

在新体制的大规模建立过程中，我们几乎涉及了经济体制的各个方面和各个环节，如果大家有兴趣的话，可以将我国现在的经济体制与1978年以前的经济体制做一个历史比照，就会发现我国经济体制已经发生了变化，在现在的经济体制中已很难看到原有的传统经济体制的影子。不过，虽然我国的经济体制改革涉及经济体制的方方面面和各个环节，但在这场变革中，有四个方面的变革，起着基础性和框架性作用，正是因为它们的变革，才引起了经济体制的各个方面和各个环节的变革，而且也正是因为这四个方面的变革，才使得新体制的基本框架最终得以确立。这四个方面的变革是：现代产权制度改革，现代市场经济体制改革，现代收入分配体制改革，现代宏观经济体制改革。因此，我们对于新体制大规模建立时期的分析，最主要的是要对这四个方面的改革进行分析。

1. 现代产权制度改革

现代产权制度改革是我国经济体制改革的一项基础性改革。现代产权制度改革的主要内容包括两个方面：第一，改革原有的公有制经济，包括国有经济和集体所有制经济，但因为中国的集体所有制经济主要在农村，城市中的集体所有制经济是少数，而农村集体经济又是改革开放后最早推行家庭联产承包责任制改革的经济成分，因而对原有公有制经济的改革，后来就主要表现为对国有经济的改革，国有经济改革成了对原有公有制经济进行改革的焦点。第二，大力发展非公有制经济，造就出一种新的经济成分，并通过发展这种新的经济成分而使中国产权制度转变成为混合经济体制。

首先讨论国有经济改革问题，在几十年的改革实践中，国有经济改革问题，一直是中国学术界争论最多的问题。在一些同志看来，国有经济是社会主义经济的基石，是绝对不能改革的，似乎改革国有经济，就是改变了社会主义经济的性质。但是国有经济缺乏活力和经常亏损的事实，是有目共睹的，因而实践对国有经济发起了强有力的变革挑战，最终使得我们不得不改革原有的国有经济。改革过程中曾出现过不少改革的思路和方法，但最后基本上集中在这样的改革思路上：凡是不属于国家经济安全和国民经济命脉的国有经济，都要变革成为非国有经济，实行非国有化；凡是属于国家经济安全和国民经济命脉的国有经济，我们也不再实行国有独资的方式，而是要发挥混合经济的作用，即走向股份化，充其量是国家控股的问题，而且控股不一定都采取绝对控制方式（即占51%以上的股份），而是要大量采取相对控股的方式（例如只控股20%～30%）。因此，自党的十五大以后，非国有化和股份化，就成了国有经济改革的基本方向，而且取得了巨大成就。但是，在2004年初，有人以国有经济改革中的某些操作漏洞和权钱交易对改革的损害为切入点，大讲国有经济改革就是“国有资产流失”，提出了所谓的“国有资产流失论”。这种提法易于引发争议，因而国有经济改革实际上在一段时间内中断。但是人们很快发现，所谓“国有资产流失论”，实际上并不是表明改革改错了，而是权钱交易对改革产生了巨大的损害，这正说明了改革的重要性和迫切性，因而国有经济改革在停滞了一段时间后重新启动，并且不断获得巨大成功，例如国有银行的股份化等重大改革不断得以推进。但是随着一些具有垄断地位的央企的垄断利润的上升，有人又开始大讲国有经济是可以搞好的，不一定要搞非国有化和股份化的改革，甚至提出央企要在各个产业领域占据前三名的地位，并强调国有经济的所谓控制力。由此可见，国有经济改革还需要不断推进，尤其是要不断冲破传统社会主义经济理论的束缚。

在推动国有经济改革的同时，我们大力推动非公有制经济的发展。可以说，大力发展非公有制经济，是我国现代产权制度改革的一项根本性战略举措。正是因为大力发展非公有制经济，才使得我国彻底摆脱了短缺经济的格局，非公有制经济在经济增长、就业、税收、技术创新等方面的巨大贡献，已成为举世瞩目的事实。尤其是非公有制经济引发了我国传统产权制度的变革，形成了充满活力的混合经济体制。但是我们对于发展非公有制经济，并不是一种理论上的自觉行为，而是在实践的推动中才不断地从不自觉走向自觉的。大家知道，我们是在1978年的经济困境中才允许非公有制经济存在的，而且当时并没有对非公有制经济做出应有的评价，只是将它定义为“社会主义经济的必要补充”，因而非公有制经济一开始是被限制于小生产和流通之中的。但是非公有制经济具有强大的生命力，只要你允许它存在，它就会到处发芽、开花和结果，而不会只限于被人为限制的狭小范围内，因而到了党的十五大的时候，它已不再是“必要补充”，而是占据了“半壁江山”。因此，我们开始承认它是“社会主义市场经济的重要组成部分”，尤其是到了党的十六大和十七大的时候，我们开始承认它与公有制经济具有同等的“国民待遇”，并强调非公有制经济要在法律上和经济上同公有制经济具有平等的地位，即人们所讲的“两个平等”。由此可见，非公有制经济的发展过程，也是我们在理论上不断创新的过程。

上述以国有经济改革和大力发展非公有制经济为特征的现代产权制度改革，引发了整个社会主义经济体制的变革和社会体制的变革。例如，资本这种生产要素不仅同其他生产要素一起创造了财富，也按贡献一起参与了财富的分配，最终形成了按要素贡献分配收入的分配体制。又例如，随着产权逐渐被认可和保护，我们在人权体系上不仅尊重人们作为自然人所拥有的所有权利，也尊重人们作为财富拥有者所拥有的财产权，从而形成了以尊重人权、尊重财产、尊重契约为特征的法治社会。再例如，在现代产权制度的基础上，我们开始形成混合经济体制，这种混合经济体制不仅使得整个国民经济充满活力，也为社会和谐创造了良好的体制基础。总之，现代产权制度改革是我国经济体制改革最为重要的基础性改革，是新体制形成的深厚基础和出发点。

2. 现代市场经济体制改革

市场经济问题在中共十一届三中全会后我们就开始触及了，但那个时候人们往往并不直接提市场经济，而是强调市场机制和市场调节，因为那个时候我们还将市场经济当作资本主义范畴来批判，不允许公开讲我们要搞市场经济。自1978年的中共十一届三中全会召开至1992年邓小平南方谈话这段时期，人们似乎已经从实践中感知到我们必须要搞市场经济了，但又受传统社会主义经济理论的束缚，不能在全党意识上突破市场经济这个理论禁区，因而曾经在党的决议上有过三个不承认市场经济，但又试图发挥市场机制和市场调节作用的提法。第一个是1978年提出的“以计划经济为主，市场调节为辅”，第二个是1984年提出的“计划经济与市场调节相结合”，第三个是1987年提出的“国家调节市场，市场引导企业”，其中最后一个提法当时因为有主张市场经济之嫌，所以后来这个提法就被放弃了，又回到“计划经济与市场调节相结合”这个提法上。由此可见，市场经济这个理论在当时是不被允许提及的。

因此，在这段时期，当时主张中国要搞市场经济的同志的理论表现分为两种情况：一种是公开主张搞市场经济，不过，他们的观点一般很难在主流媒体上发表；另一种是变相地主张中国要搞市场经济，他们将市场调节和市场机制当作与市场经济相统一的范畴来使用，将计划经济当作与宏观调控相统一的范畴来使用，强调市场调节和市场机制的基础性调节作用，把计划经济的作用限定于宏观调控的范畴之中。我曾详细地拜读过这些同志的论著及文章，他们所讲的市场调节和市场机制，和我们现在搞的市场经济在内容上并无任何区别，只不过是叫法不同而已；他们所讲的计划经济和现在人们所讲的宏观调控在内容上也没有太大的差别，只不过是表达方式上有些差异而已。因此，在当时的条件下，许多主张中国要搞市场经济的同志，只是因为中央还未正式提出中国要搞市场经济，所以不得不以变相的方式将中国改革向市场经济的方向推动，这也是中国经济学界的特有现象。

直到1992年邓小平南方谈话之后，我们才正式承认了市场经济，在党的十四大上提出要建立市场经济体制。自

1978年中共十一届三中全会开始到现在的40多年，我们就市场经济问题实际上主要讨论了四个问题。第一，中国到底要不要搞市场经济？争论的结果是中国必须要搞市场经济。第二，中国应该搞什么样的市场经济？我们曾经提出过现代市场经济、社会主义市场经济、社会主义条件下的市场经济等提法，但最终的正式提法是社会主义市场经济，其最基本属性是现代市场经济。第三，中国如何搞市场经济？对于这个问题，中共中央曾经发过两个关于发展和完善市场经济的文件，一个是中共十四届三中全会《中共中央关于建立社会主义市场经济体制若干问题的决定》，一个是中共十六届三中全会《中共中央关于完善社会主义市场经济体制若干问题的决定》。这两个决定提出中国搞市场经济必须遵守市场经济原则，建立包括市场体系、市场机制、市场秩序在内的完善的市场制度，并根据市场经济要求而改革经济体制的各个方面，形成完善的市场经济体制，包括形成适应市场经济要求的收入分配体制、农业经济体制、区域经济体制、宏观经济体制等。第四，搞市场经济会出现什么问题？实践中人们认识到，搞市场经济最容易出现的问题是腐败和行政性垄断，我们要防止和消除在从计划经济向市场经济转轨的过程中，出现各种权力寻租的问题，要把反腐败和消除行政性垄断作为重要问题来抓。市场经济本身并不会引发腐败和行政性垄断，腐败和行政性垄断恰恰是市场经济的对立物，但在从计划经济向市场经济转轨的过程中，确实某些体制漏洞会引发腐败和行政性垄断，因而要大力反腐败和反行政性垄断。

虽然市场经济改革在我国取得了巨大的成就，那种以姓“社”、姓“资”的观点来批评市场经济的观点已经基本上没有了市场，但是仍然有人对市场经济存有偏见和疑虑，例如2004年就有同志公开发表文章说“市场经济搞多了，计划经济搞少了”。这种观点虽然不再将市场经济作为资本主义范畴来批判，但却往往以关注民生的面貌而出现，例如认为市场经济造成了收入差距过大，引发了人员下岗失业问题，降低了一些人的生活水平，等等，这种观点是有社会基础和容易引起民众误解的。现在还有不少人经常把破产和失业同市场经济联系在一起，将收入差距同市场经济联系在一起，似乎市场经济给人们带来的不仅仅是效率的提高和财富的快速增长，还有痛苦和麻烦。实际上，这种观点是不对的。因为，市场经济作用的结果确实会引发企业破产和个人失业，但这并不是市场经济的错，而是某些企业的经营行为和某些个人的能力已经不能适应经济发展的需要了，需要“退场”了，市场经济只是作为裁判将他们“罚下场”而已。因此，错在被“罚下场”的企业和个人，而不在于市场经济。市场经济在这里只是作为一个评价和处罚的指标体系而存在，我们不能把破产或失业的责任都算在市场经济的头上。尤其是我们应该看到，市场经济在将有些企业和个人“罚下场”的同时，也强调对被罚者要有各种各样的保障，例如要有各种保险和再保险，因而市场经济本身也是社会稳定器，它在使一些人破产或失业的同时，也在千方百计地消除破产和失业所带来的各种社会问题。由此可见，市场经济改革的方向绝不能动摇。

3. 现代收入分配体制改革

收入分配体制是由产权制度和资源配置方式决定的，因而我国经济体制改革中的现代产权制度改革和现代市场经济体制改革，也就必然引发了现代收入分配体制的改革。可以说，现代收入分配体制改革是我国经济体制改革的重要内容。当然，同现代产权制度改革和现代市场经济体制改革一样，现代收入分配体制改革也经历了一个缓慢变化的过程。

在改革开放刚刚开始的几年中，我们对于收入分配体制改革的讨论，基本上集中在两个方面：一是清理极左思潮在收入分配体制上的影响，例如“文化大革命”十年中“四人帮”鼓吹按劳分配也反映着资产阶级法权，要破除资产阶级法权，连按劳分配原则都要否定，所以在刚刚改革开放的时候，人们讨论的所谓收入分配体制的改革，实际上就还只是强调要恢复和坚持按劳分配的原则而已；二是批评传统收入分配体制是一种平均主义的“大锅饭”体制，认为形成这种“大锅饭”体制的主要原因是没有真正贯彻按劳分配原则，没有反映人们在劳动上的效率差异。因而，刚刚改革开放的时候，人们在讨论收入分配体制改革时，还只是认为收入分配体制改革的关键，在于真正贯彻和完善按劳分配原则。由此可见，在改革开放的最初几年中，我们实际上还没有真正进入现代收入分配体制的改革中，基本上还停留在完善传统收入分配体制的基本原则的问题上，像按要素贡献分配这样的原则，尤其是按资本贡献分配这样的原则，当时实际上还没有触及，因为那时人们还认为按资分配是资本主义经济原则，只有按劳分配才是社会主义经济原则，所以当时人们认为收入分配体制改革的基本方向，是应该更好地贯彻按劳分配原则，按照每个人的劳动贡献而分配财富。

不过，因为我们在改革开放一开始就推行了农村的家庭联产承包责任制，就承认和允许了非公有制经济在一定范围内的发展，就注重了市场机制在一定程度上发挥作用，所以现代收入分配体制的某些原则和机制，在当时也就随之开始发挥作用了。例如，市场机制开始发挥按效率分配的作用，按资本贡献分配收入的原则也开始起作用，那些拥有财产的人也开始获得资本性收入。正是因为现代收入分配体制的某些原则和机制开始起作用，所以很快就打破了原有的收入分配上的平均主义格局，出现了收入分配差距开始拉大的趋向。但是，因为当时的收入分配体制的某些原则和机制仅仅是在体制外起作用，而体制内（包括政府与事业单位、国有经济和集体经济、高等院校和科研机构等）当时基本上实行的还是传统的行政性收入分配体制的原则，所以当时的收入差距主要表现为体制内与体制外的收入差距，出现了“搞导弹的不如卖鸡蛋的”这类声音，也出现了“国有收入不如集体收入多，集体收入不如个体收入多”的这类体制差异现象。正是由于受这种收入差距的影响，当时出现了大量的从体制内“跳出”体制外的所谓“下海”现象。

对于上述收入差距拉大的现象，20世纪80年代后期和90年代初期，学术界产生了一场争论，主要有两种观点：一种观点认为，这种收入差距形成的主要原因，是经济生活中存在着“双轨”制，有两种不同的收入分配原则在起作用，一种是传统收入分配体制中的行政性收入分配原则，体制内的收入分配主要是这种原则在起作用，另一种是新体制的市场化收入分配原则，体制外的收入分配主要是这种原则在起作用，因而我们解决问题的关键，是要实行体制“并轨”，实行统一的新体制的市场化收入分配原则；另一种观点则认为，市场化收入分配原则属于资本主义经济范畴，例如按资本贡献分配收入这类收入分配原则，就是资本主义收入分配制度的主要原则，因而我们绝不能实行“并轨”性改革，我们解决问题的重点，在于限制甚至取消市场化收入分配原则，真正实行按劳分配的体制。由此可见，对于建立现代收入分配体制的问题，当时人们还没有取得统一认识。

一直到了邓小平南方谈话之后，尤其是党的十四大之后，我们才开始真正进入现代收入分配体制的改革中，逐渐提出了下述重大改革决策：我们要按照要素贡献分配收入，既要按劳动贡献分配收入，也要按资本贡献分配收入，实现按劳分配与按资分配的有效结合；我们既要在收入分配中强调效率，也要强调公平，实现效率与公平的有效结合；现代收入分配体制体现于整个国民经济运行的全过程，因而它既包括初次分配过程和再分配过程，也包括第三次收入分配过程，是三次分配过程的有效结合。

按照上述原则，在党的十四大之后，我国逐步形成了现代收入分配体制的基本框架：初次收入分配过程表现为市场对企业的分配，企业对各种生产要素的分配，其分配基点是按贡献分配，包括市场按企业贡献给企业分配，也包括企业按要素贡献给要素分配，因而这里实行的是效率原则，谁的效率高，谁的收入就高，公平在这里表现为按效率分配，越坚持按效率分配的原则，就越能体现公平精神；但是初次分配的收入还属于不可支配收入，其分配结果还要经过再分配过程的调节，调节的重点是解决收入差距过大的问题，调节的机制包括累进的所得税制度、转移支付制度和社会保障制度，前者是将过高的收入调节下来，并通过转移支付制度而使低收入者的收入能达到应有的水平，而且使低收入者享有各种应有的社会保障，因而再分配过程贯彻了公平原则，即防止收入差距过大的原则，因为收入差距过大，会使人们产生不公平感，但是这里讲的公平与初次分配过程中的公平有所不同；不过，再分配过程完成之后，并没有标志着收入分配过程的终结，再分配过程还要经历第三次收入分配过程的调节，也就是有些高收入者还会根据自身的价值取向，以道义性的慈善事业方式向社会进行各种捐赠，这种道义性的收入分配过程，虽然没有强制性，但随着社会经济的发展，也会成为收入分配过程的重要环节，它能有效地促进和谐社会的形成和国民经济的可持续发展。

由上述分析可见，现代收入分配体制充分体现了效率原则与公平原则的有效结合，是国民经济高效快速发展和建立和谐社会的基础，对经济发展和社会进步都是必不可少的，因而我们应该坚定不移地发展它，并不断地完善它。但是，近期有人以收入差距过大为由，开始指责甚至试图否认现代收入分配体制，认为这套体制虽然带来了效率，但也损害了公平，硬是把损害了公平的帽子戴在了效率的头上，这是不对的。权钱交易性腐败和各种行政性垄断是引发我国收入差距过大的重要因素之一，因而我们现在解决问题的重点不是要否定现代收入分配体制，而是要深化改革，消除腐败和各种行政性垄断。当然，收入差距过大确实也与现代收入分配体制有某种关联，例如在按要素贡献分配收入的原则下，那些资本拥有量太少甚至没有资本的人，其资本性收入就会显得太少甚至没有资本性收入，所以他们的收入就低，与拥有大量资本性收入的人相比，就会显得收入差距过大。但是我们并不能因此而否定按要素贡献分配收入的原则，因为这并不是实行按要素贡献分配收入的原则而引发的，而是有些人的资本数量太少甚至没有资本而引发的，所以我们的选择只能是深化改革，有效增加人们的财产，使人们都能拥有应有量的财产，提高人们的财产性收入在自身收入中的比例，从而缩小收入差距。总之，我们必须要坚持现代收入分配体制的改革方向。

4. 现代宏观经济体制改革

现代宏观经济体制改革，是我国经济体制改革的四项基础性改革之一。宏观经济体制改革的重点，在于重新塑造政府与企业的相互关系，减少政府对企业的行政干预，充分放活企业，让企业成为市场主体，而不再是被政府直接进行行政干预的“生产车间”。因为，在现代产权制度和市场经济体制下，企业作为独立的法人主体，有权根据自身的利益要求和价值取向，在市场经济中选择自身的经营方向和经营规模，接受市场经济的调节，实现自身利益和社会利益的最佳组合。由此可见，在现代产权制度和市场经济体制下，国家宏观调控既不可能再直接控制企业，也不可能再直接控制市场价格机制，而只能调控宏观经济变量，通过调控宏观经济变量而影响市场价格机制，并通过市场价格机制再影响企业，从而使得国民经济高效有序地运行。

在现代宏观经济体制下，国家调控宏观经济的重点在于调控首要的宏观经济变量，即总供给与总需求的相互关系，既要防止出现总需求膨胀，也要防止出现总需求不足，最终要实现总量平衡。主要有三个因素会影响总供给与总需求的相互关系：第一个是货币因素，第二个是财政因素，第三个是国际收支因素。因此，国家调控总供给与总需求的相互关系的举措，主要是三大宏观经济政策，即调控货币因素的货币政策，调控财政因素的财政政策，调控国际收支因素的国际政策（包括国际贸易政策和外资外汇政策）。这三大宏观经济政策是相互联动和相互影响的。例如，从1998年起，我们为了调控当时的总需求不足，在国际政策上实行了旨在扩大出口的出口退税政策，在外资政策上实行了旨在吸引外资的对外资更加优惠的外资优惠政策，从而缓解了总需求不足的压力，并且最后解决了总需求不足问题。但是，这种政策调整也使中国经济产生了过度依赖出口的倾向，形成了以出口、投资、消费为序的拉动经济的增长模式，结果导致国际收支严重失衡，国际收支失衡又引发了货币发行上的“外汇占款”过大，最终引发了流动性过剩，总需求过快上涨，严重供不应求，价格全面上涨，也就是形成了需求拉动型价格上涨的局面。因此，我们现在必须要调整国际政策，减少顺差和外资的过度流入，解决国际收支失衡问题，从而缓解人民币发行上的“外汇占款”过大的压力，解决流动性过剩问题，并进而稳定价格体系。由此可见，现代宏观经济体制需要三大宏观经济政策的有效配合。

现代宏观经济体制的建立，需要全面改革政府管理经济体制和财政金融体制。改革政府管理经济体制的重点，在于使政府彻底地退出资源的配置活动，从而使政府从生产经营性主体转变成为社会经济活动的公共管理者。资源配置的基础性机制是市场而不是政府，政府的重点在于服务，成为服务性政府。金融体制改革的重点，在于实行货币政策制定主体、金融企业、金融监管机构这三者彻底分开的“三分开”金融体制，强化央行在货币政策上的独立性，并使包括银行及券商在内的所有商业性金融机构彻底企业化，建立现代企业制度，而金融监管机构的职责在于对金融性企业的经营活动实行有效监管。财政体制改革的重点，在于从经营性财政转向公共性财政，财政的重点不在于创办和扶持国有企业，而在于对公共产品的投资和维系。正是基于这样的认识，我们在改革开放的几十年以来，不断推动了政府体制、金融体制、财政体制的改革，初步形成了现代宏观经济体制的基本框架。

在现代宏观经济体制下，国家对于总供给与总需求的相互关系的调控，虽然也涉及对总供给的调控，但最主要的还是通过对总需求的调控而调控总需求与总供给的相互关系，因而有时人们将这种调控称为需求管理。但是自2003年以来，这种需求管理似乎还不足以保证总供给与总需求的相互协调，尤其是有时需求管理似乎还难以有效实现对国民经济的快速调控，因而有人据此认为，仅有这种需求管理是不够的，我们还应该注重供给管理。这些同志敏锐地发现问题找对了，但是出现问题并不是因为仅有需求管理不行，而是因为我国的经济体制改革还没有全部完成，体制上还仍然存在不完善的地方，正是这种体制的不完善使得需求管理难以到位，达不到应有的调控效果。例如，我国目前的收入分配体制导致了居民收入在国民收入分配中的比例太低，在初次分配中的比例太低，尤其是居民收入中的财产性收入比例太低，使得居民消费需求不足，这种居民消费需求不足又导致了大量企业将出口作为重要的市场战略，从而使得出口顺差太大，人民币发行上的“外汇占款”太大，流动性过剩，价格全面上涨，但这并不是需求管理的效力不够，而是由体制的不完善导致的。因此，我们在宏观经济体制上要解决的并不是要加强供给管理的问题，而是要深化改革。优化供给是市场经济的功能，只要体制完善，市场经济就能发挥好此功能。如果不深化改革而只强调加强供给管理，就会影响到市场经济主体的权益，从而有损于市场经济的发展。总之，我们应该坚持现代宏观经济体制的改革方向，不能动摇。

二　新体制磨合期的任务和特点

从上述分析可以看出，新体制大规模建立时期建立的新体制，是以强调效率、强调竞争为特点的，因而新体制必然会使失业、破产、收入差距拉大等现象产生，这些现象虽然不是新体制带来的，但却是因为某些企业及个人适应不了竞争需要而形成的，社会必须要解决这些问题，要形成解决这些问题的体制，这个过程，就是我们讲的新体制磨合期。新体制磨合期不是要改变和放弃新体制的某些内容，而是要巩固和完善新体制。巩固和完善新体制，与新体制框架的大规模建立，虽然在基本思路和做法上没有什么根本性区别，但确实也存在着一些差异。例如，和谐社会、科学发展、民生、社会公平等问题，都会成为新体制磨合期的热点问题，不像新体制框架大规模建立时期那样，讨论最多的是产权制度、股份制、市场经济体制等问题，这就需要我们认真分析和研究新体制磨合期新的热点问题，从而使得新体制能在磨合期得以巩固和完善。

1. 推动社会和谐

如上所述，新体制有两个重要的组成部分：一个是财产制度上的多种经济成分并存；另一个是经济运行上实行市场经济体制。这两个重要组成部分的显著特征是承认差别，并强调差别，因而新体制的推进必然会形成以财产拥有量而区分的不同的社会阶层。这些不同的社会阶层虽然在根本利益上是一致的，但它们之间也会有摩擦甚至会产生矛盾。如何面对这些不同社会阶层之间的摩擦和矛盾？一种方式是否认多种经济成分并存的财产制度和市场经济体制，也就是否认改革和新体制，回到没有任何阶层差异的传统体制；另一种方式是承认多种经济成分并存的财产制度和市场经济体制，也就是承认改革和新体制，并在此基础上通过推动社会和谐使新体制能够有效运转，实现各个不同社会阶层的和谐。显然，第一种方式是“死胡同”，它不会有任何民众基础，因为任何一个人，无论是现在的高收入者，还是现在的低收入者，都不会想再过以前那种传统体制下的穷苦日子。因此，我们只有选择第二种方式，也就是通过推动社会和谐而巩固多种经济成分并存的财产制度和市场经济体制。

社会和谐的前提是承认多种经济成分并存的财产制度和市场经济体制，承认由于这两者形成不同的社会阶层，因为只有它们存在，我们才需要强调社会和谐，通过社会和谐来实现它们之间的协调发展，如果没有它们，或者不承认它们的存在，那就无所谓社会和谐问题，而是讲社会同一了，因而强调社会和谐就失去应有的基础和意义。无阶层差别是强调社会同一的问题，有阶层差别才需要强调社会和谐。因此，我们强调社会和谐，并不是要否认多种经济成分并存的财产制度和市场经济体制，而是要为它们的有效运行创造良好的社会基础。由此可见，那种认为强调社会和谐就是要改变多种经济成分并存的财产制度和市场经济体制的思潮是不对的。这种思潮是以民众利益为幌子的新“左”派思潮，它实际上是利用民众对新体制的某些不完善之处的不满情绪来试图否认新体制，因而这种以民众利益为幌子的新的“左”的思潮值得人们警惕。

正是因为社会和谐并不是否认多种经济成分并存的财产制度和市场经济体制，而是要有效协调在它们运行中形成的各社会阶层之间的相互关系，从而为新体制运行创造良好的社会基础和环境，因而社会和谐的真正含义在于：

第一，承认和保护各个社会阶层的应有经济利益，任何人和机构都不能任意剥夺或危及任何个人及阶层的财富，要通过《中华人民共和国物权法》等法律制度平等地保护各种类型的财产，对不同社会阶层的经济利益应一视同仁，没有财产上的任何歧视。因此，“打富济贫”并不是社会和谐的要求，它恰恰有悖于社会和谐的基本原则。“保富消贫”才是社会和谐的目的。所谓“保富消贫”，就是指要承认富有阶层的经济利益，但同时要消灭贫穷，在承认富有阶层的经济利益增长的同时，也要更加注重贫穷者的经济利益的有效增长，把贫穷者的经济利益的增长作为社会发展的重要任务，从而不断推动贫穷者的利益上升，实现有利益差异的全社会不同阶层的经济利益的共同增长。因此，承认不同社会阶层的应有经济利益，并保证他们在经济利益的差异下实现利益的共同增长，是社会和谐的内在含义。

第二，实现不同社会阶层的利益共同增长的经济机制，就是累进的所得税制度、收入保障制度和转移支付制度的内在统一，这套制度可以通过转移支付而使高收入者的一部分收入转变成为低收入者的收入，从而实现人们在经济利益上的有差异性的和谐。高收入者的一些收入通过累进所得税而转向低收入者，这表明高收入者是最有效率的人，同时也是对社会有贡献的人，因为他们将自己的一些收入贡献给了社会。这种体制虽然使高收入者的一些收入转向了社会，但它却肯定了高收入者的社会贡献，即他们既有效率，又能兼顾公平，是应该受人尊敬的社会群体。这里需要强调的是，我们应该大力表彰那些高纳税者，因为他们是实践社会公德的重要群体。最近看到有的单位在搞社会公德的评选活动，但评选出来的人，并没有高纳税者，而是一些帮老扶幼者，帮老扶幼者有社会公德，应该表扬，但高纳税者，也是具有社会公德的群体，也应该得到社会尊重。

第三，维系不同社会阶层的经济利益和谐的关键，是要尊重人权和财产权。在人权和财产权面前，人人平等，没有任何社会阶层的差异。因此，任何社会阶层及个人，不能以任何原因而危及别的社会阶层及个人的人权，当然也不能以任何理由剥夺别的社会阶层或个人的合法财产。所谓人权面前人人平等，就是指各个社会阶层在人权上是平等的，特别是要求社会必须关注弱势群体的人权，要使他们拥有和别的阶层相同的致富机会，在机会上平等；同时也要使他们最基本的生活条件得以保障，他们最基本的医疗卫生条件得以保障，他们的子女义务教育及其他教育得以保障。总而言之，要保障弱势阶层的人权。所谓财产权面前人人平等，是指社会要维系各个社会阶层的合法财产，任何人都不能侵犯或剥夺别人的合法财产，在财产权面前人人是平等的，不存在剥夺者和被剥夺者的问题。人类社会的发展史告诉我们，维系财产权，是非常有利于社会和谐的，因为如果不尊重财产权，合法财产不能得以有效保护，那就会使某些人总想不努力就获得财富，这就必然助长了社会的不正之风，从而就会使社会不稳定，使人们都有恐惧心理，尤其是高收入者，这就必然很难保证社会关系的和谐和社会秩序的稳定。总之，社会和谐的关键是尊重人权和财产权。

2. 坚持科学发展观

新体制的最主要特征和最大贡献，是把包括以阶级斗争为纲在内的意识形态之类的目标，彻底抛弃了，将经济发展和社会发展作为第一要务，强调“发展是硬道理”，因而新体制极大地推动了中国经济和社会的快速发展。中国的发展成就举世瞩目，不仅使中国民众欢心诚服，而且成为世界关注的亮点。因此，发展是第一要务的基本战略不能变，放弃了发展是第一要务，就等于放弃了新体制。当然，我们的发展中也存在着某些不尽如人意的地方，尤其是当发展使我国的GDP突破20万亿元之后，也就是发展总量十分巨大之后，我们的发展也遇到了新的挑战。如何面对这些不尽如人意的地方和新挑战？唯一的选择就是推进科学发展。但是科学发展并不是要放弃新体制，而是要完善发展和应对发展中的新挑战，也就是要巩固和完善新体制，使发展具有更高的质量和雄厚的基础。目前有人试图用科学发展观来否定新体制，似乎认为新体制推动的发展是有问题的。实际上，中央强调的科学发展的第一要务，仍然是发展，发展是不能动摇的，现在的问题是如何完善发展和应对发展中的新挑战，而不是要不要发展的问题。因此，科学发展观的真正含义在于：

第一，在发展中注重增长方式的转变，要从过去的粗放型增长方式转向高效益型增长方式。粗放型增长方式有两个严重不足：一是高消耗资源，二是高污染环境。这两个严重不足在经济发展总量还不大的条件下，其弊端和危害似乎表现得并不十分明显，但是当发展到了经济总量十分巨大的时候，这种弊端就充分暴露出来了。例如，当经济总量较小的时候，环境污染并没有成为引起人们关注的焦点，但是当经济总量发展到一定程度的时候，我们就必须要调节发展与环境的关系了；又例如，当经济总量较小时，高消耗资源并没有引起我们的充分关注，但当经济总量发展到十分巨大的时候，资源匮乏就会成为阻碍经济发展的因素。因为国家已没有那么多自然资源供我们消耗了，所以，我们必须要转变经济增长方式，强调节约型经济，推动循环经济发展，调整人与自然的关系，使发展建立在人与自然相和谐的基础上。

第二，在发展中求得人与人的关系和谐，使人们都能享受发展带来的好处。也就是说，发展必须使人们的利益都能得到相应的增长。虽然我们不可能也不应该使人们的利益相同地等量增长，但必须使人们的利益在发展中都要有所增长，尤其是弱势阶层的利益也要得到有效提升。可以说，人们的利益在存在差异的条件下共同提升，是发展中人与人的关系和谐的最基本原则。对此问题，我们已在本书的几个地方都做了深入的分析，这里就不再多讲了，这里只是强调发展不可能长期建立在利益不和谐的基础上，因而协调利益关系，是科学发展观的重要内容。

第三，在发展中协调好中国经济与世界经济的关系，尤其是处理好国际收支方面的问题。在中国经济的发展总量还比较小，其国际收支还不会对国内经济产生太大的影响，尤其是还不足以影响国际贸易和世界经济的时候，发展中的国际收支失衡问题显得并不突出。但是在目前中国的经济发展规模已经很大，其国际收支失衡状况不仅影响到国内经济，而且也影响到国际贸易和世界经济的时候，国际收支失衡就成了我们在发展中必须要解决的问题。例如目前的国际收支失衡引起的流动性过剩问题，以及流动性过剩引发的需求拉动型价格全面上涨的问题，就是属于此类问题，需要我们认真解决。所以，科学发展观也包括了中国经济与世界经济关系的协调。

第四，在发展中协调好成本优势与技术优势的关系，注重提升经济发展的质量和水平。我国的经济发展在较长时期内都是靠成本优势而获得竞争力，也就是我们的劳动力成本及土地等生产要素较廉价，因而具有竞争上的成本优势，这也就是某些同志所讲的比较优势。但这种比较优势快丧失了，尤其是我们也不能再依靠劳动力成本的低廉而推动经济发展了。劳动力成本过于低廉，这不仅加剧了国内劳动与资本的矛盾，而且使中国经济长期内需不足。在这种情况下，我们不得不开发国际市场，而出口过多所形成的顺差过大又增加了我国经济流动性过剩的压力。尤其是成本优势往往表现为农民工的收入长期低下，基本生活保障难以提升，这就加剧了我国工业化与城市化的压力，因而是非常不利于发展的。我们不能靠牺牲农民工的利益来维持成本优势，不能把农民工的廉价劳动力当成竞争优势。因此，我们必须在发展中实现发展方式的转轨，要从成本优势转向技术优势，推动技术创新。再造发展的新优势，是科学发展观的重要内容。

3. 实现社会公平

对于新体制所充满的活力以及它所带来的强大的效率作

用，似乎人们都是认可的，对此人们并没有太多的分歧，但有人认为新体制过分强调了效率，而忽视了公平。注重效率而忽视公平，是现在某些人对新体制的一种评价，但这种评价是没有实践根据的，而且也是不符合理论逻辑的。这种评价的最根本错误，是将效率与公平绝对地对立起来了，似乎只要强调效率，就必然会有损于公平，而要强调公平，就必然要放弃一些效率。实际上，效率与公平不是对立的，而是相互融合在一起的。试想，如果一个体制缺乏公平，那么它还能形成效率吗？如果一个体制没有效率，那么我们还能认为它公平吗？有人需要并认可那种没有效率的所谓公平体制吗？我想，是不会有人想要那种没有效率的所谓公平的。因此，效率与公平实际上是相统一的、不可分割的，效率包含着公平，公平反映着效率，它们之间不是相对立的，不是注重了公平就会损害效率，更不是注重了效率就会损害公平。所以，要科学地理解公平的含义。我们现在强调的公平，包含了以下的要点：

第一，公平并不是指社会收入的均等。在讨论社会公平问题时，有人经常将收入差距作为评价社会公平的重要指标，并据此认为现在收入差距过大，从而引发了社会不公平。这种观点是非常值得商榷的。其实，传统体制下的“大锅饭”，虽然实现了人们收入的均等化，但它同样也是一种严重的社会不公平，因为它损害了贡献大的人的应有利益。正是因为这种严重的社会不公平，所以才极大地挫伤了人们的积极性，使得国民经济失去了活力，没有效率。因此，不能将收入差距作为评价社会公平的唯一指标，实际上收入均等不仅不能反映社会公平，而且还会严重地损害社会公平。我们评价社会公平的最主要指标，是看人们的机会是否平等，机会平等下的收入差异是正常的。当然，机会平等在现实中往往是难以做到的，充其量只能是一种趋向，因而我们也要在承认收入差距的条件下，注重对收入差距的调节，但这种调节并不是因为收入差距反映了不公平，而是因为机会均等的条件没有充分实现，所以需要调节。我们认为，在机会平等条件下，因为个人禀赋与努力而形成的收入差距，并不能反映社会公平不公平的问题，这种差异的存在是正常的，这种差异本身就是公平。社会公平在于机会的平等，而不在于收入差距本身，从收入差距上很难判定公平与不公平。

第二，坚持公平的关键是消除行政垄断和权钱交易。人们对新体制有意见，例如有人认为新体制有些不公平，但这种意见并不是说效率本身引起了不公平，而是指传统体制未能加以改革而产生的弊端带来了不公平。现在人们有不公平感的主要原因，是行政性垄断及权钱交易使得一些人并不是靠自身努力获得了利益。人们反感的是行政性垄断和权钱交易，对于那些靠自身禀赋和努力而获得较多利益的人，人们并不反感，也没有认为这种情况是不公平的。因此，人们的不公平感并不是来自效率本身，而恰恰是来自和效率相对立的行政性垄断和权钱交易，所以不能把缺乏公平的帽子戴到新体制头上，不公平的现象是由传统体制未能真正改革而产生的弊端引起的。因此，要实现社会公平，关键是要深化体制改革，重点在于打破行政性垄断和消除权钱交易。这就要求我们必须在推进经济体制改革的同时，大力推进政府体制改革，完善民主政治，从而消除行政性垄断和权钱交易的体制基础。可以说，没有政府体制改革的深化，没有良好的民主政治，就不可能有真正的社会公平。

第三，公平并不是笼统地比较人们的财富。在讨论收入差距及社会公平时，人们经常将某些企业所有者的财富与普遍劳动者的收入相比较，这样比较的结果，当然使人们感到社会收入差距太大，觉得社会似乎很不公平。但这种比较方法并不合理。因为，在企业所有者的财富中，有一种财富是属于企业法人财产，我们不能将这种法人财产完全等同于自然人财产。自然人财产与企业法人财产并不是一回事，甚至有本质性区别。企业法人财产虽然会给所有者带来一定的财富，但其主要作用在于维系企业的投资与经营活动，在更大程度上是为社会作贡献，例如为社会创造就业机会，为市场提供产品和服务，为政府提供税收。企业法人财产只有在完成这些社会贡献的基础上，才能给所有者带来一定的自然人收入。因此，企业法人财产并不像自然人财产那样，全部是为个人利益服务的。例如，如果有一个人有50万元的自然人财产，就可以直接将它用于个人消费，但是当个人财产表现为法人财产的时候，人们就不能随便将它用于自然人消费了。因此，不能将个人的企业法人财产作为自然人财产，并用它去同普通人的自然人财产相比较，从而得出收入差距太大，社会不公平的结论。比较收入差距需要用科学的方法，切不可盲目地将不应比较的收入放在一起比较，这样会得出错误的结论。

第四，公平是与法治社会相统一的。在讨论收入差距，进而评价社会公平问题的时候，我们应该有一种法治意识。所谓法治意识，就是要承认所有的合法性的事实。在法治社会条件下，人们评价收入是否公平的标准，就是法律。所有合法性的收入都应该是公平的，无论高收入，还是低收入，只要合法，就是公平的，不能将合法的高收入看成是不公平的。收入的公平性不在于收入水平的高低，而在于收入是否具有合法性。影响人们收入的因素是多种多样的，但收入必须合法。合法的，就是公平的。公平性与合法性是相统一的范畴。因此，我们只有将法治观念引进社会公平问题的时候，才能真正分清何谓公平，何谓不公平。离开法治标准，实际上是很难讨论社会公平问题的。社会公平以法治为基础，以合法性为准则。所以，社会公平不是一般的道德问题，即便是道德问题，也必须以法治为基础，合法性与道德状况也是相统一的，例如合法性的道德习惯就应该称之为有道德，要将道德放在法治的基础上。总之，不能离开法治而讨论社会公平。合法的，就是公平的。

4. 有效关注民生

新体制在运行过程中，由于竞争与效率规律的作用，必然会产生像企业破产和个人失业这类传统体制所没有的现象。在某些人看来，似乎新体制没有像传统体制那样关注民生问题，这些人据此把忽视民生的帽子戴到了新体制头上，其实是不对的。新体制下发生的破产和失业，并不是新体制带来的，而是因为有些企业或个人不能适应新的要求了，被“罚下场”了，问题在于被“罚下场”的企业和个人，而不在于新体制。我们现在强调和关注民生，并不是说新体制有悖于民生，而是指新体制在进入磨合期后，民生问题显得更为重要，新体制本身所具有的关注民生的内在要求，这时会充分地显现出来。因此，不能将新体制与关注民生对立起来，而是要看到它们实际上是相互融合的，是一个问题的两个方面。

第一，新体制为关注民生问题提供了强大的物质基础。可以说，没有新体制的建立，我们就不可能有能力真正关注民生问题。在传统体制下，不仅国民经济严重缺乏活力，而且国民经济结构严重失调，从而使我国长期处于严重的短缺经济之中，在这种情况下，我们根本没有关注民生的物质基础和能力。改革开放以后，新体制创造了巨大的经济活力和强大的物质基础，我们真正有能力关注民生问题了。例如，取消农业税，为弱势阶层提供更好的社会保障和公共产品，这些关注民生的举措之所以能够实行，就是因为新体制为我们创造了强大的物质基础。因此，只有新体制的不断巩固和完善，才能使民生问题不断地得到有效解决。

第二，新体制本身就包含了对民生的关注，新体制并不排斥和损害民生。例如，市场经济虽然强调效率原则，但同时也强调社会保障原则，因而市场经济越发达，社会保障体制就越健全。在人类发展历史上，社会保障体制几乎是同市场经济体制同步完善的。因此，关注民生也是新体制的必然要求，我们现在完善新体制的重要内容，就是关注民生问题。为此，我们应该注重完善医疗卫生体制，完善教育体制，完善收入保障体制，完善再就业体制，完善住房体制，等等。总之，要全方位地关注民生问题，通过关注民生而为新体制创造深厚的民众基础，从而使民众利益与新体制紧密地结合在一起。

第三，民生问题有赖于新体制的巩固和深化，我们应该使民生与新体制之间相互有效配套。我们现在强调民生问题，并不是因为新体制的形成损害了民生，而是指新体制恰恰需要注重民生问题，同时民生问题的解决也有赖于新体制的完善。因此，不宜把新体制与民生问题对立起来。现在有人非常喜欢自封为弱势阶层的代表，经常讲所谓的“穷人经济学”和“穷人教育学”，似乎讲穷人问题就是关注民生，这实际上是很片面的。我们关注民生问题，并不是要将它同新体制对立起来，将强者与弱者对立起来，而是在关注民生的进程中，我们既要关注弱势阶层，同时也要关注在竞争中处于强势地位的阶层，使他们在竞争中更强。强者更强，才有利于社会解决弱势群体的问题，不能靠抑制强者来扶持弱者，而是要使他们都能拥有充分发挥自己作用的能力，这才是我们关注民生的根本意义。关注民生问题，不是为了加剧强者与弱者之间的不协调，而是要推动他们之间的和谐。因此，虽然强者更多地依靠自身的竞争，弱者则需要社会的更多帮助，但他们实际上都需要社会的关注，不过前者是希望竞争更充分和更公平，后者则希望有更多的扶持和救助而已。从这点上讲，关注民生，就是关注社会各个阶层的诉求。

第四，关注民生虽然要强调通过转移支付而有效地保障弱势群体的利益，但关注民生并不仅仅如此，关注民生更重要的是要为弱势群体提供更为公平的机会，使他们的创新能力能够得以有效提升，从而使他们通过自身的努力改善自己的生存和发展条件。这是民生问题与福利主义的重大区别。我们不能无条件地把提高弱势阶层的福利作为关注民生的主要内容，如果一味强调提高福利，而不去设法提升弱势阶层的竞争能力的话，那就必然会加大社会进步的成本，并且对于推动社会和谐毫无帮助，甚至还会使社会产生“福利病”，从而削弱经济发展和社会进步的动力。不关注民生问题是错误的，将关注民生问题等同于福利主义也是错误的。我们应该汲取福利国家的教训，尤其是南美一些国家的教训。我们要告诉人们，任何人只有依靠自身的努力才能最终改变自己的地位和生存状况，努力工作是社会进步和个人自我提升的基础，是国强民富的前提条件，如果社会中的所有人都试图依靠享受福利而生活，而不是强调努力工作，这个社会就没有前途。总之，关注民生不是福利主义，而是要强调竞争和自我奋斗。如果我们不强调竞争和自我奋斗，而去无限制地满足一些弱势群体的福利要求，其结果只能是有损于新体制，有损于社会经济发展的活力。因此，要正确理解关注民生问题，切不可把关注民生当成福利主义。这个问题是我们必须要警惕的，切不可掉以轻心。因为有些缺乏自信心和权威的人，往往会利用福利主义而树立所谓的威信，从而会在关注民生的幌子下使中国经济过早地丧失发展的动力，使中国经济丧失良好的发展机遇。因此，新体制磨合期既要关注民生问题，也要防止将关注民生变成福利主义。

三 全方位改革时期的任务及特点

经过大规模经济体制改革阶段与新体制磨合阶段，中国人民逐渐在经济上富有起来。在经济上富有之后，人们当然就越来越重视自己在政治、文化、社会、生态上的各种需求。为了满足人们这些日益增长起来的需求，中国改革当然就要从以经济建设为中心的改革，走向全方位改革。也就是在继续推进与深化经济体制改革的同时，走向全方位改革，更加重视与推进政治、文化、社会、生态上的改革。如果说1978—2013年这30多年中，我们还是以经济建设为中心来推动改革的话，那么自党的十九大起，中国改革就主要表现为经济改革基础上的全方位改革，包括政治改革、文化改革、社会改革、生态改革。

1. 政治改革

人们在政治上的一个极其重要的需求，就是能看到一个公平公正的社会秩序，体会到社会的正义感。我国是一个以党的领导、人民当家作主、依法治国有机统一为特征的政治体制，因而要满足人们在政治上的这种需求。首先，必须坚持推动法制社会的建设，形成包括宪法、民法、刑法在内的完整的法律体系，有法可依，并且形成高效的执法体系，彻底消除以权代法、以政代法、以情代法的现象；其次，从严治党，推动与深化党内民主与监管，因为共产党是中国的实际领导者，只有党内民主才能集中各种智慧与各方面的诉求，保证党的正确领导，比一般的社会民主更重要，当然，党内的监管也比一般社会监管更重要；最后，民意的动向及诉求的传递必须快速准确，在各种新媒体及信息传递通道上要保证民意畅通顺达，不能因各种因素而形成阻滞。

人们在政治上的一个普遍需求，就是看到政商清新，社会廉洁高效，贪腐得以严惩与消除。近几年人们为什么在政治上的满足感较强，就是因为反腐治贪取得了巨大成就。因此，我们必须将权力关在笼子里，建立高效的防腐治贪体制，既防止资本介入政治，也防止政治权力介入商界活动，真正实现政商清新。为此，必须对政商的运行轨迹做严格界定，消除权钱交易、权色交易，在制度上真正实现防腐治贪。可以说，建立一个高效廉洁的政府，是人们在政治上的普遍愿望。目前，中国构建国家监察委员会就是将所有公务人员的行为纳入监管之内，保证公共权力与公共财产为民所用，治理公权私用、有权不为的行为，这是既治贪又治懒的重要制度安排，人们对此极为拥护。

人们在政治上的基本需求是，国家统一，民族团结，在国际上能得到尊重，有民族自豪感与国家荣誉感。因此要不断使中国在国际上得到全面的真正认可，提高中国护照的“含金量”，使人们拥有民族自豪感与国家荣誉感，这也是人们重要的政治满足感。《战狼Ⅱ》和《红海行动》等电影的高票房现象就足以证明这一点。

2. 文化改革

文化改革在我国实际上有三个问题。

第一，文化经济问题。

大家知道，文化需求是人们的重要需求。要满足人们的文化需求就必须放开和推进文化经济的发展。所谓文化经济，就是生产人们所需要的精神产品而满足人们精神需求的经济。人类生产分物质产品生产和精神产品生产，生产精神产品的就是文化经济。文化经济首先表现为文化产业，主要包括影视、音乐、戏剧、收藏、非遗、博物馆、出版、美术、传媒、旅游、体育、娱乐等。

文化产业的载体实际上是文化企业。文化企业作为生产人们精神需求的企业，不同于一般生产物质产品的企业，有着自身的特点。首先，文化企业必须要正确把握不同时期、不同阶层、不同年龄群体的精神需求，根据人们的精神需求而生产文化产品，一旦把握不好人们的精神需求，任何文化产品都将失去市场需求，就像那些太抽象的艺术片严重脱离现实而没有票房价值一样。其次，需要具有很强创新力的人才，因而文化企业的公司治理会更加重视人力资本，货币资本需要以人力资本为基础。最后，文化企业所生产的产品受制于意识形态的约束，必须具有正能量的价值，不能颠覆社会的主流价值观。

文化产业作为生产精神产品的产业，虽然不同于其他生产物质产品的产业，例如其运行过程并非是纯粹的市场经济原则，但文化产业作为一个产业，其运行又必须建立在市场经济基础上，因而文化产业同样涉及文化市场、文化金融的问题。文化市场的形态是各种各样的，既有线上的，也有线下的，例如线下的有文化小镇等，应允许文化市场走向多元化，不要搞行政性垄断或者行政性阻滞。文化金融也要有创新，不能简单使用物质产品生产企业的融资方式，例如文化企业一般并不具有用于抵押贷款的资产，更多的是无形资产，因而需要有创新性融资方式，应允许这方面的金融创新。

第二，经济文化问题。

经济文化不同于文化经济，经济文化是人们在经济活动中必须坚持的价值理念，它也是文化问题的重要内容。大家知道，经济活动是人类有目的的社会活动，当然有着人们所必须坚持的价值理念，就是经济文化。经济文化的要点包括契约精神、法治意识、诚信理念、责任约束、敬业精神等。良性的经济活动需要经济文化的支撑。虽然中国经济高速增长，但人们为什么还缺乏成就感与认同感，就是因为还没有良好的经济文化，表现为快速增长下的混乱，因而必须形成良好的经济文化。

第三，传统文化问题。

中华传统文化博大精深，是中华民族的瑰宝。我们对于中华传统文化既不能全盘否认，也不能全盘照搬，因为全盘否定就没有了根，全盘照搬实际上也难以与时俱进。对于传统文化要抱着扬弃的态度，要根据工业文明、法治文明、人权文明等人类的价值理念进步，加进新的元素，从而形成中华现代文化。这是文化改革的重要内容。

3. 社会改革

任何人都希望自己生活于一个充满活力而无生存恐惧与争斗的社会之中，因而在市场经济条件下，人们的社会需求表现为无生存之忧并期望竞争有序与社会和谐。如何满足人们的这种社会需求？首先应该建立良好的社会保障制度。在教育、医疗、养老等方面建立符合人们需要的保障制度，让人们没有上学难、就医难、养老难等忧虑。社会保障制度应该实行行政化与市场化的有效结合，也就是政府要在教育、医疗、养老等方面实行最基本保障，同时也鼓励人们购买各种商业保险，形成多层次的社会保障制度。

追求社会和谐是人们的重要社会需求，因为任何人都不希望自己生活在一个充满矛盾与争斗的社会之中，无论是富人还是穷人，人的本质都是追求和谐。要实现社会和谐，就必须认真处理好社会各阶层之间的关系。除了认真处理好各阶层之间的收入关系之外，还要让各阶层收入都能随着经济发展而相应增长，更要注重处理好各阶层之间的思想关系，例如必须相互尊重并能自我约束，在相互理解的基础上协调人们之间的思想差异及行为差异，实现和谐相处，消除阶层对立。

社会改革的重要内容是放开民间组织，让社会实现自我治理。现代社会由三大组织构成，即企业、政府、民间组织。我国民间组织的发展明显滞后，应该加快此类改革，推进社会的自我治理。

4. 生态改革

人类的幸福生活离不开良好的生态环境，因而实现美丽中国目标是每个中国人的强烈愿望。要实现美丽中国目标，必须坚持生态改革。生态改革的任务有三个：

一是必须真正治理好工业化与城市化带来的废水、废气及固体垃圾，只有这样才能真正实现工业文明与城市文明。治理废水、废气、固体垃圾必须坚持产业化与企业化的路子，通过技术创新而减少污染，单纯的行政性“关停并转”的强制方式只能解决一时一事的问题，只有走产业化、企业化、技术化的路子，才能真正解决问题。

二是大力推进自然生态环境的修复。近些年来因为过分追求GDP，自然生态环境已经受到巨大破坏，因而要建成美丽中国，就必须尽快修复自然生态环境。对于那些影响整个中国生态环境的区域，必须禁止开发，对于重点区域要以国家公园形式加以严格保护。应该建立国家自然资源资产的集中管理体制，防止某些地方政府及企业或个人，因为局部利益而对自然生态造成破坏。对于与自然生态环境有关的区域政府业绩评价体系要取消GDP这个指标，而且国家要以预算形式对这些地方的财政收支予以支持与帮助，使自然生态环境保护真正落到实处。应该说，国家组建自然资源部正是顺应了历史发展趋势，必将有利于生态自然资源的修复与保护。

三是大力推进农村与农业改革。农业与农村实际上已成为中国生态环境保护的薄弱环节，污染恶性事件频发，因而必须推进农村与农业改革。农村与农业改革包括：对农业的化肥及农药的使用要有严格的标准，对农村生活的“上下水系统”及垃圾处理要有新举措，对非农的污染严重的农村工业体系要进行真正的“关停并转”，促进农村工业体系的升级换代。当然，美丽乡村的实现，最终要使农民富、农村强，因为美丽乡村实际上最终是以经济实力为后盾的。

5. 经济改革

我们强调政治改革、文化改革、社会改革、生态改革，并且不再单纯强调以经济建设为中心，并不是不需要经济改革，而是要在全方位改革的基础上更加深入地推进经济改革。在全方位改革的基础上，经济改革的核心是，按照新发展观，构建现代化经济体系。什么是现代化经济体系？现代化经济体系包括六个组成部分，即实体经济、现代金融、科学与技术创新、人力资源体系、市场经济、全方位开放。实体经济是现代化经济体系的基础与脊梁，现代金融是现代化经济体系的助推器与润滑剂，科学与技术创新是现代化经济体系的动力源泉，人力资源体系是现代化经济体系的人才基础，市场经济是现代化经济体系的基本运行规则，全方位开放是将中国经济融入世界经济之中。

现代化经济体系的重要特征是具有很强的防风险能力，能够对风险做出预警并能及时修复引起风险的各种经济漏洞。因此，我们在构建现代化经济体系中，要将防风险作为重要的指标。例如，在构建现代金融体系中，要将各种防风险的举措考虑其中，把握好金融与实体经济的关系、金融与房地产的关系、金融与各种债务的关系、金融与杠杆率的关系、金融内部各种融资通道的关系等。

现代化经济体系是中国进入富强时代的经济体系，因而现代化经济体系必须助推中国建立现代化强国。现代化强国必须在全球经济上要拥有技术话语权与金融话语权。要拥有技术话语权，中国就必须能够创新出颠覆性技术与原创性技术，这就要求中国要进行前瞻性、基础性研究，形成强大的技术创新体制。要拥有金融话语权，中国就必须全方位开放，不再单纯强调出口与吸引外资，也要强调进口与中国资本“走出去”，深入推进“一带一路”建设，推进人民币的国际化。总之，强起来的目标要求现代化经济体系要有新的特征与内容。

叁

我对中国改革开放的几个关键要点的研究

如前所述，我真正进入经济学界的时间，刚好与中国改革开放启动的时间相吻合，这就决定了我的经济学人生与中国改革开放的大业必然紧紧地联系在一起。我的经济学人生是被时代选择的经济学人生，因而改革开放，尤其是经济体制改革成了我经济学人生的主线。可以这样说，我的所有经济学研究与教学，都与中国的改革开放相关，基本上涉及的都是中国经济体制改革中的热点及难点问题，因而中国改革开放成就了我的经济学人生。我的经济学人生融于中国的改革开放大潮之中，用一句流行语讲，“我就是在改革开放中成长的”。

正因为如此，我的学术生涯和改革开放紧密地融为一体，基本上是以改革开放为中心，将中国改革开放中的经济现象上升为经济概念与范畴，再寻求概念与范畴上的逻辑联系，最终探讨体制规范与政策建议。在中国改革开放的大潮中，我的研究基本上是以问题为导向，针对中国改革开放中的问题，先后涉及下述研究。

一 国有经济研究

国有经济、国有企业、国有资产方面的改革，是我国经济体制改革的重要内容，因而也是我在经济体制改革进程中关注和研究得最多的内容，我以此先后出版了下述著作：《国有制经济的实践与改革》，河北人民出版社于1995年7月出版，同他人合著；《中国国有经济总论——历史沿变 改革历程 发展趋向》，经济科学出版社于1997年出版，担任副主编；《国有资产管理教程》，经济科学出版社于1997年出版，担任副主编；《资产重组的政策与途径》，经济科学出版社于1997年出版，担任副主编；《改制·重组·运营——十五大后的中国国有经济》，同心出版社于1998年2月出版，担任主编；《未来的国有企业》，经济科学出版社于1998年2月出版，担任副主编；《中国国有经济对外投资发展战略》，经济科学出版社于1998年出版，担任副主编；《构建新的国有资产管理体制》，江苏人民出版社于1998年5月出版，专著；《资产重组与股份化——国有企业改革的两大突破点》，河北人民出版社于1998年7月出版，担任主编；《资本经营论纲》，上海远东出版社于1998年11月出版，专著；《国企改革与发展的重大理论现实问题》，中共中央党校于1999年10月出版，担任主编；《现代产权制度辨析》，首都经贸大学出版社于2000年2月出版，专著；《国有资产管理教程》，当代世界出版社于2003年出版，担任主编。

在对国有经济、国有企业及国有资产方面的研究中，我主要形成了如下的认识：

第一，国有经济并不是社会主义经济的特有范畴，它实际上是与国家这个范畴相关的一种经济形态。在自然经济时代，它是皇权实施统治的重要手段，正因为如此，皇权引发的土地兼并，往往是农民起义的根本原因与导火线；在市场经济时代，它是市场经济的重要补充，市场经济无法发挥作用的时候，往往需要发挥国有经济的作用，例如当国家经济安全与国民经济命脉受到威胁时，就需要发挥国有经济的应有作用。但是我国过去将国有经济当作社会主义财产关系的最高形式，因而导致了许多问题，出现了盲目追求所谓的所有制形式升级的“左”的倾向，搞所谓的“一大二公”，试图要将整个国民经济都纳入国有经济范畴之中，实行所谓的“穷过渡”，这使中国经济陷入效率低又结构失调的困境中。实际上，国有经济并不是社会主义特有的经济范畴，它是与国家这个范畴相关联的，有了国家，就有了国有经济这个范畴，国有经济这个范畴的具体属性是由国家的具体属性决定的。

第二，社会主义国有经济模式的设想者试图通过国家控制财产权来协调社会化与私人占有的社会矛盾，但实践证明这种设想不但不能有效协调社会化与私人占有的社会矛盾，而且还带来了低效率和贪腐的恶果，因此这种模式并不是合适的选择。后来人类实践证明，国家可以通过对公共权力的控制来对宏观经济及再分配过程进行有效调节，更能有效协调社会化与私人占有的矛盾，控制公共权力比控制财产权更有利于协调社会矛盾，更有利于在效率的基础上实现社会公平。

第三，国有经济作为国家控制的经济力量，其主要目的是要弥补市场经济的不足，为市场经济的充分作用提供服务，因而国有经济往往以投资公司的形式存在，而且投资的重点是公益性事业，特别是对国家经济安全及国计民生有很大保障的事业，但它并不代替市场经济的作用，不妨碍市场在资源配置中起决定性作用，而是为市场在资源配置中起决定性作用而服务。从这点上讲，国有经济并不是单纯以经济效益为中心，而是以社会效益为中心，因而它不能具体经营竞争性行业，不能与民争利，即使涉及垄断性行业也不能以利润为中心，而应以追求社会公平为原则。

第四，在市场在资源配置中起决定性作用的条件下，国有经济必然要服从于市场经济的内在要求，带有市场经济的“烙印”，表现为国有经济市场化，其中主要包括：一是规模市场化，也就是国有经济规模不能太大，针对我国国有经济规模太大的情况，要通过“一租二卖三变四改”的方式推动国有经济非国有化与股份化。当然，在推动国有经济非国有化与股份化的过程中，要处理好国有资产定价、国有资产负债、国有企业员工安排与社保等问题。二是运行方式市场化，也就是要根据委托代理理论，处理好作为国有经济最终所有者的人民与国有经济管理机构与经营机构的关系，淡化它们之间的行政关系，形成真正反映产权原则的责权利关系，在国资管理体制方面实行全方位的改革。三是占有方式市场化，也就是要根据国有经济在经济调节中发挥作用的要求，不断改变国有经济形态，有时要从资产形态变为资本形态，甚至变成股票或债券的有价证券形态，当然有时也要从土地资源资产变成经营性资产或者非经营性资产，或者从一种形态的经营性资产变成另一种形态的经营性资产，等等。总之在占有方式上要有不同形态的转变，以适应市场经济的要求。四是收益方式市场化，也就是国有经济的收益要归全体人民享有，不能为某些利益集团独享，这就要求国有经济必须将其收益的30%上缴国家财政并转向社会保障账户，甚至可以将一些国有股权作为优先股划归社会保障账户，收益由社会保障账户享有，因为社会保障账户是全体人民都能享有利益的账户，使国有资产收益最终回归全体人民享有。

第五，市场配置资源强调效率基础上的平等原则，即对所有经济成分都平等相待，没有效率之外的优惠或歧视原则，因而与市场经济相对应的财产制度实际上是混合经济。在混合经济条件下，独资国有企业实际上会越来越少，再加之政府转变职能成为社会公共管理主体之后，地方政府基本上将不再办企业，因而传统形式的国有企业将会逐渐消失，充其量只会存在以基金会形式运行的国有投资公司。国有投资公司只是根据有关调控需求参股或控股企业，国有参股或控股的企业实行现代企业制度，具有清晰的产权制度和完善的公司治理，高管人员实行市场化的“海选”，而不再由政府任命，而且其身份是企业经营人员，不再是行政性公务人员。总的来说，国有独资的投资公司，也是以现代企业制度的方式建立的，而并不是原有的传统国有企业，类似于新加坡的淡马锡公司，其以现代企业方式运行，属于现代企业范畴。

第六，在对国有经济进行改革中，我们实际上一直把调整国家与企业的关系作为一个重点问题，并且对如何调整国家与企业的关系做了三次大的探讨：一是调整国有企业的隶属关系。在这方面曾做过四种探讨，例如：将国有企业由中央政府管下放到由地方政府管；将国有企业从由地方政府管上收到由中央政府管；将国有企业由政府管改为由行政性行业集团管；将国有企业由行业性政府管理机构管转向由综合性政府部门管。二是调整国有企业的利益关系。例如，曾经搞过三种尝试，即利润分成、利改税、利润承包。三是调整国有企业的权力关系。例如，曾经做过两个方面的权力关系调整，即所有权与经营权分离、最终所有权与法人财产权分离。后来的实践证明，上述改革并不能真正解决国有企业的根本问题。因此，在研究中，我一直认为国家与国有企业的关系只能通过现代产权制度来梳理，现代产权制度是唯一的有效选择，其中包括产权清晰、产权结构多元化等有关现代产权制度的建立。为此，我在研究中曾经从各方面探讨了有关国有企业实行现代产权制度的问题。

第七，国有经济的最终所有者是全体人民，属于全民财产，但全体人民又不可能去管理和经营归自身所有的财产，所以国有经济只能用委托代理的方式来实施管理与经营。如何实行委托代理制？在改革开放之前，是将国有经济委托给国务院，国务院又根据自身的政府组织机构委托给有关机构，例如：当时的财政部管国有经济的资产，国家经贸委管国有经济的具体经营，国家计委管国有经济的投资，中央组织部管国有经济的管理经营者，然后再根据行业分别由当时的纺织工业部、轻工业部、石油部、化工部、煤炭部等产业类政府机构具体经营管理；有的国有经济归地方政府，根据政府级别再层层委托代理，由某级政府管的国有经济，再委托给有关机构。因此，改革开放前，我国国有经济的委托代理制是行政性的委托代理制，而且是多头委托代理制和多环节委托代理制。这种委托代理制导致政企不分、政经不分，而且多头委托代理与多环节委托代理实际上就是无人负责，争权夺利，即有利益和权力时都拼命争取，而有问题时都相互推卸责任，其结果是国有经济既丧失了活力，又损失严重。因此，改革开放后，我们试图对国有经济的这种委托代理制进行改革，例如，20世纪80年代后期成立国家国有资产管理局、2002年成立国资委等，都是改革的尝试，但效果并不太好。现在看来，国有经济委托代理制的改革要做到这样几点：一是委托代理制要与政府脱钩，全国人民将国有经济委托给最高的立法及民意机构，即全国人大，全国人大再委托给相关的企业；二是将国有经济监管与国有经济运营分开，全国人大成立专门机构对国有经济实施监管功能，国有经济运营则交由有关企业来进行；三是全国人大作为监管者先是对国有经济的资本收益进行监管，不再涉及企业的具体经营事务；四是全国人大对国有经济监管目标不再是做大做强国有经济，而是让国有经济为中国经济发展的全局服务，为全体人民的民生服务；五是全国人大在对国有经济监管中要对国有经济进行分类监管，实行不同的监管评价指标，对于那些主要用于公益性事业的国有经济，要将社会效益作为评价指标，而对于那些主要用于营利的一般性商务经营的国有经济，则要将经济效益作为评价指标。当然，随着国有经济在公益性事业与一般商务经营中的流动，监管指标也要随之变化。总之，要形成新的国有经济的委托代理制度。

二 非公有制经济研究

承认并推动非公有制经济发展，是我国改革开放的重要内容，也是中国经济在改革开放以来快速发展的重要推力，因而非公有制经济问题是我研究中国经济的一个重大问题。在我国经济改革的不同时期，我写过不少相关的论文，而且不少观点反映在下述这些著作中：《社科新论丛书：社会主义市场经济论》，中国青年出版社于1993年3月出版；《魏杰集》，黑龙江教育出版社于1995年12月出版；《为改革声辩》，经济科学出版社于1997年7月出版；《中国经济改革的主线》，经济科学出版社于1997年8月出版；《私有经济在中国私有经济嬗变的现实、困惑与趋势》，中国城市出版社于1998年11月出版；《新头脑风暴中国少壮派经济学家演进实录》，广东人民出版社于1999年1月出版；《中国经济报告：中国企业大趋势》，中国经济出版社于1999年2月出版；《中国经济的盛世忠言：魏杰演讲录》，广东经济出版社于1999年6月出版；《动摇不得：中国经济改革若干问题》，中国发展出版社于2007年1月出版；《崛起中的磨合——中国现实经济问题》，中国发展出版社于2008年1月出版。

非公有制经济在我国传统经济体制下的命运是被改造直至全部被消灭的，尤其是到“文化大革命”时期，荒唐到连老百姓养的鸡鸭也要被当作“资本主义尾巴”割掉。直到改革开放之后，我们才开始慢慢承认非公有制经济的存在。从改革开放到现在，非公有制经济在我国大致经历了三个阶段：

第一阶段是“必要补充”阶段。这个阶段自中共十一届三中全会召开后开始，也就是说，在中共十一届三中全会召开以后，我们在不同程度上开始承认非公有制经济，直到

1982年党的十二大召开，我们正式承认非公有制经济是社会主义经济的必要补充。从不承认到承认是必要补充，这是巨大的进步，但是这时的非公有制经济还被限制在很小的范围内，尤其是还未完全承认非公有制经济的重要形式就是私营经济，而仅仅承认非公有制经济的个体形式，这当然非常不利于非公有制经济的发展。

第二阶段是“重要组成部分”阶段。这个阶段从1997年党的十五大开始，较之“必要补充”，“重要组成部分”有了很大进步，尤其是开始承认非公有制经济的重要形成，即“私营经济”。但是因为这时的“重要组成部分”是被限定在市场经济这个范畴上的，即认为非公有制经济是“社会主义市场经济的重要组成部分”，并没有被认为是社会主义经济的重要组成部分，社会主义经济与社会主义市场经济不是一个相同的范畴，因而非公有制经济仍然是被放在与公有制经济相对立的被歧视的框架内，其发展当然还受到很多限制。

第三阶段是“国民待遇”阶段。这个阶段从党的十六大开始，党的十六大明确提出“两个毫不动摇”，即“毫不动摇地巩固和发展公有制经济”和“毫不动摇地鼓励、支持和引导非公有制经济”，这标志着非公有制经济取得了与公有制经济平等的地位，具有了同公有制经济相同的“国民待遇”。尤其是党的十八大强调非公有制经济同公有制经济在政治上平等、法律上平等、资源配置上平等、投资经营上平等和竞争环境上平等，更加明确了它的“国民待遇”。

在我国非公有制经济的发展中，我们对非公有制经济逐渐形成了一套新的非公有制经济理论，这套理论将指导我国非公有制经济的快速稳定发展。具体来说，这套新的非公有制经济理论有如下十大要点。

第一，非公有制经济不是同公有制经济相对立的。党的十六大报告明确指出，公有制经济与非公有制经济不是相互对立的，是完全可以统一于社会主义经济建设之中的，因此我们不但要毫不动摇地发展公有制经济，而且还要毫不动摇地发展非公有制经济。改革开放以来，我们虽然多次强调要注重非公有制经济的作用，但是直到党的十六大才第一次明确地提出公有制经济与非公有制经济并不是对立的经济形态。明确提出公有制经济与非公有制经济不是相对立的，对于大力发展非公有制经济和确立非公有制经济的完整法律地位，具有非常重要的作用和意义。不承认公有制经济与非公有制经济不是对立的，就是仍然把非公有制经济当作剥削经济。既然是剥削经济，当然谈不到应有的法律地位问题，因而只有承认公有制经济与非公有制经济不是对立的，才能解决非公有制经济的剥削性质问题，才能使非公有制经济有完整的法律地位。

第二，非公有制经济要长期发展。任何一种经济形态的存在，都不是由任何一个人的价值取向决定的，而是由生产力的发展状况决定的。也就是说，任何一种经济形态，只要它能够促进生产力的高效发展，它就必然会存在，这是不以任何人的意志为转移的。因此，只要非公有制经济能促进生产力的发展，能满足生产力发展的内在要求，它就必然存在和发展。我们过去习惯用姓“社”姓“资”的原则来评价各种经济成分，似乎凡是姓“社”的，就可以长期发展，而凡是姓“资”的，就要马上消灭，这种“左”的思维方式甚至发展到“宁要社会主义的草，也不要资本主义的苗”。实际上，评价和判断一种经济形态能否存在和发展的唯一标准，就是生产力，只要一种经济形态能够促进生产力发展，这种经济形态就必然会存在。因此，只要非公有制经济能促进生产力发展，它就必然会长期存在和发展。由此可见，非公有制经济的存在和发展不是由领导层的判断和价值取向决定的，而是由生产力决定的。

第三，承认非公有制经济中资本的贡献。我们认为资本是有贡献的，因而既要按劳分配，也要按资分配。不过，对于这个要点的论述，不再是以价值的创造开始分析，而是以财富的创造为起点，提出创造社会财富的力量包括各种生产要素，有劳动，有资本，有管理，有技术，资本也是创造社会财富的一种要素。各种生产要素都创造了社会财富，因此当然要按照各种要素的贡献分配社会财富。这里需要强调的是，我们讲按资分配，是指资本有贡献，按照资本的贡献分配。总之，基于资本在社会财富创造中的贡献，我们提出了按资分配的问题。也就是说，经济生活中不仅仅是按劳分配，还有按资分配。我们承认按资分配，等于承认了资本，承认了非公有制中的资本在社会财富创造中的作用和地位。我们应该看到，非公有制经济的资本不仅创造了应归自身所有的资本性收入，而且为人们创造了就业机会，为政府创造了税收，为社会创造了产品和服务。如果再考虑到有的资本所有者把资本的一些收入捐献给社会，那么资本实际上还在为社会创造着福利，因而不能随意将非公有制经济划入剥削范畴。如果将非公有制经济界定为剥削经济，那么非公有制经济就不可能拥有完整的法律地位，而非公有制经济也就难以真正快速发展。

第四，承认非公有制经济中的各种劳动。劳动有体力劳动、有脑力劳动，有简单劳动、有复杂劳动，这些劳动都很重要，因而我们现在承认各种劳动。不过，这些劳动中的哪种劳动更值钱？对于这个问题，我们把评价劳动重要性的标准重新做了一个界定。原来我们评价劳动的时候，也就是评价哪种劳动更值钱的时候，我们认为体力劳动是最值钱的，甚至认为只有出大力、流大汗的劳动才是劳动。我们不承认脑力劳动是劳动，所以总要改造知识分子，非要把工程师赶到车间里抡大锤，认为抡大锤才是劳动，而实验室里的研究不是劳动。因为我们以体力劳动为评价劳动的标准，所以提出来的一些原则，比如收入分配向一线工人倾斜，其实这在现代化生产条件下是错的，按市场经济来看这是不对的。为什么要向一线工人倾斜？因为当时认为体力劳动最重要，所以要向体力劳动倾斜。但在现在的条件下，企业都是“哑铃式”的，即两头大中间小，也就是新技术研究重要，市场开拓重要，制造已经不是唯一占主导地位的环节，怎么向一线工人倾斜？因此，现在我们明确提出评价劳动的标准不是体力劳动而是市场，就是说市场的供求关系决定哪种劳动值钱，哪种劳动不值钱。具体来说，就是劳动的短缺程度决定哪种劳动值钱，哪种劳动不值钱，即哪种劳动越短缺，就越值钱。评价劳动的标准不再是体力劳动，而是由市场来评价，也就是由劳动的短缺程度来评价。

第五，承认非公有制经济中的各种合法收入。在这方面，我们主要是调整了评价收入的标准。过去我们评价收入的标准是劳动，认为劳动收入最光荣，强调劳动致富。现在我们评价收入的标准不再是劳动，而是法律。所有合法的收入，我们都承认。因此，既承认劳动收入，也承认合法的非劳动收入。我们是第一次公开承认合法的非劳动收入。对于非公有制经济，仅仅用劳动是不能说明收入问题的，因为在非公有制经济里面，风险、机遇等都会影响收入，仅仅用劳动是讲不清楚的，所以评价收入的标准不再是劳动，而是法律。也就是说，所有合法的收入我们都承认，既承认合法的劳动收入，也承认合法的非劳动收入，只有这样才能解释非公有制经济的许多问题。

第六，非公有制经济要有充分的要素获取市场。非公有制经济创造社会财富需要各种生产要素，因而非公有制经济必须同任何社会经济成分一样，能够顺利地获得各种生产要素，包括土地、劳动力、技术、资金等，这就要求我们应该全面地向非公有制经济开放要素市场。

第七，全方位向非公有制经济放开投资领域。市场经济的内在规律就是以效率配置资源，任何高效的资源都可以选择自身的投资经营范围，在竞争中求得发展。但是我们过去却按照是不是非公有制经济来确定投资经营范围，规定有些领域只能由公有制经济来投资经营，而不允许非公有制经济投资经营，因而严重阻碍了非公有制经济和国民经济的发展。后来明确指出应该充分放开所有投资经营领域，允许非公有制经济充分发挥自身的作用。应该说，这是我们在非公有制经济理论与实践上的又一个重大突破，对于非公有制经济及国民经济的发展将起到不可估量的作用。

第八，承认非公有制经济的政治和法律地位。传统社会主义经济理论根本否认非公有制经济的所有者与经营者应有的法律和社会政治地位。改革开放后，我们虽然强调要发挥非公有制经济的作用，但对非公有制经济的所有者与经营者的法律及社会政治地位并未清晰地加以界定，并未公开承认他们也是社会主义经济的建设者，似乎他们只能有经济地位而不能拥有完整的社会政治地位。例如，即使是他们中的优秀分子，也不能加入共产党，因为他们是有产者。党的十六大报告在这方面进行了伟大的创新，明确指出财产的拥有量并不决定人的政治觉悟和思想品德，关键是要看财产是如何获得和使用的，所以非公有制经济的所有者和经营者也是社会主义经济的建设者，其中的优秀分子也可以加入中国共产党。可以说，党的十六大报告真正使非公有制经济的所有者和经营者获得了完整的法律和社会政治地位。传统社会主义经济理论把个人拥有的财产数量作为判断一个人的政治觉悟和思想品德的标准，似乎只有无产者才拥有高度的政治觉悟和高尚的思想品德，甚至得出了“穷则光荣，越穷越光荣”的极左教条，把斗争富人和防止人们富有的阶级斗争作为社会活动的中心内容和一切活动的“纲”，这为我国的经济建设带来了无法估量的灾难。党的十六大报告在深刻总结这一教训的基础上，彻底抛弃了这套极左理论，不再把财富的拥有量作为评价人的政治觉悟和思想品德的标准，而是强调把人们对社会发展的贡献作为评价人的政治觉悟和思想品德的标准，提出了对社会经济发展有贡献的所有人都是社会主义经济建设者的英明论断，这就从根本上杜绝了极左思潮的产生。

第九，承认非公有制经济的社会地位。所谓非公有制经济的社会地位，就是在价值理念上承认非公有制经济。这就需要调整人们的一些价值理念。如果老讲为富不仁，私有是万恶之源，劫富济贫，那么非公有制经济就难以发展。仇富心理一定要抛弃，如果不抛弃，非公有制经济就是低发展的，我们要认真对待和讨论这个问题。因此，我们不宜不加分析地宣扬平均主义公平理念，我们应该认识到，正确的公平理念主要是强调机会的公平，竞争过程的公平，而不是结果的公平，即平均主义的公平。在现实生活中，人们之间的能力差别是很大的，这种能力差别必然会引起人们之间的财富差别，但是人类的理想又是要实现人人都应该一样的“均贫富”大同社会，因而人类本身就是一个矛盾体。对于人类的这种矛盾，我们应该追求共同的富有，同时我们也应该承认财产上的差别，不能有仇富心理。

第十，非公有制经济需要在发展中不断提升自我。我们应该为非公有制经济创造良好的外部环境，但是非公有制经济在发展中也要自我提升和完善。我国非公有制经济在发展中存在的一些问题，并不是由外部环境引起的，而是非公有制经济内部的某些因素造成的。因此，党的十六大报告在强调为非公有制经济创造良好环境的同时，也为非公有制经济的自我提升和完善提出了要求和方向。我认为，非公有制经济理论的重要组成部分，是非公有制经济如何提升和完善自身，我们不能忽视对非公有制经济理论这方面的研究。也就是说，我们不能只强调如何为经济发展创造良好的环境，也必须要看到非公有制经济的内在不足与矛盾，并研究解决这些内在不足与矛盾的办法及措施，从而有效促进非公有制经济的自我提升与完善。如何解决非公有制经济发展中的外部环境问题与如何解决非公有制经济发展中的内部问题，是非公有制经济理论的两大重要构成部分，缺一不可。因此，我们应注重探讨非公有制经济不断自我提升的问题包括：一是拥有财富不能无视法律；二是拥有财富不能无视公德；三是拥有财富不能无视责任；四是拥有财富不能无视学习；五是拥有财富不能无视人权。

三　混合经济研究

中国经济体制改革在启动国有经济改革和发展非公有制经济这两项重要改革的时候，就标志着混合经济必然成为发展趋势。因此，20世纪80年代末期，当混合经济萌芽时，我便开始了对它的研究，发表过一些文章，其中有三篇很有代表意义，一篇是《论公有制企业与非公有制企业之间的竞争》（《江苏社会科学》1991年第5期），另一篇是《论公有制企业与非公有制企业之间的兼并》（《天津社会科学》1991年第4期），还有一篇是《论公有制企业与非公有制企业之间的股份制》（《争鸣》1991年第5期），开始探讨混合经济形成的必然性与发展路径。1993年中央确定市场经济改革目标后，混合经济开始大力发展，我在《社会主义经济调节通论》（人民出版社，1994年4月版）一书中，对此做过深入分析。1997年之后，随着国有经济改革与民营经济的发展，混合经济发展日益明显，我曾在由我主编的《改制·重组·运营——十五大之后的中国国有经济》（同心出版社，1998年2月版）、《资产重组与股份化》（河北人民出版社，1998年7月版）等著作中，对当时的混合经济发展做了深入分析。后来我在《中国经济50人看三十年》（中国经济出版社，2008年10月版）、《崛起中的磨合》（中国发展出版社，2008年1月版）、《走进深水区的中国经济》（中国发展出版社，2014年3月版）、《“十三五”与中国经济新常态》（企业管理出版社，2016年3月版）等著作中，对混合经济做了更为深入与清晰的探讨。在探讨中，我大致形成如下的认识：

首先，混合经济是我国改革开放的必然结果和选择。改革的重要方向就是要在现代产权制度的基础上，推动混合经济体制的形成。所谓混合经济体制，就是指各类经济成分共存并共同发展的经济体制。混合经济体制有两种形态：一种是社会形态的混合经济体制，即整个国民经济中共存着各种经济成分；另一种是企业形态的混合经济体制，即一个企业内部共存着各种经济成分。我国现在既要大力发展社会形态的混合经济体制，也要大力发展企业形态的混合经济体制，尤其是我们应该看到，企业形态的混合经济将成为混合经济的最基本形态，而且也是社会形态的混合经济的最基本载体。

1. 社会形态的混合经济体制

如上所述，社会形态的混合经济体制，是指在整个国民经济中共存着各种经济成分，既有各种形态的公有制经济，也有各种形态的非公有制经济，它们共存并共同发展。社会形态的混合经济体制，是非常有利于国民经济高效益发展的，这已被中国改革开放以来的实践充分证明。在社会形态的混合经济体制中，公有制经济与非公有制经济表现为四种关系：第一，各自发挥自身的比较优势，会表现为优势互补的过程；第二，相互之间激烈竞争，表现为互为动力和相互促进的竞争过程；第三，在竞争中会出现相互融合，表现为股份化的过程；第四，在竞争中也会相互收购和重组，出现相互兼并重组的过程。所有这些，都会有效推动国民经济的快速发展。这也正是混合经济体制的魅力所在。

发展社会形态的混合经济体制，关键在于要平等对待各种经济成分，使各种经济成分获得法律上的平等地位和竞争上的平等地位。也就是说，国民待遇原则是维系各种经济成分相互关系的最基本原则。因此，各种经济成分要在融资方式、经营领域、产业选择等方面，拥有平等权利，要在政治地位、法律地位、社会地位上具有平等待遇。在改革开放后的一段时间内，我们对于非公有制经济的发展并不重视，使得非公有制经济在融资方式和经营领域等方面被严格限制，例如1997年以前不允许非公有制企业上市融资。同时，非公有制经济也没有同公有制经济相同的法律地位和政治地位、社会地位，其结果是严重地阻碍了非公有制经济的发展，从而阻碍了整个国民经济的发展。后来我们对非公有制经济逐渐重视，强调国民待遇原则，才逐渐使非公有制经济在法律及竞争上，同公有制经济有了一定程度的平等地位，从而有效地推动了非公有制经济的发展，带动了整个国民经济的快速发展。

由此可见，为了推动混合经济的快速发展，国家必须对各类经济成分实行国民待遇原则，使它们在法律上和竞争上获得平等地位，从而实现相互竞争和共同发展。应该说，目前从形式上讲，我们似乎对非公有制经济已不再采取歧视政策，而是强调国民待遇原则，但实际上非公有制经济并没有在法律上和竞争上获得充分的平等地位，主要表现在：第一，不平等地对待非公有制经济的现象仍然存在，例如有人强调要使国有经济在各个产业中占据前三名的地位，有人还强调要发挥国有经济的控制力。为什么非要国有经济占据各个产业的前三名，为什么国有经济要发挥控制力？很显然，就是在骨子里还将非国有经济打入另册，似乎只有国有经济才是“正统血脉”。在这种思维逻辑下，非公有制经济是不可能获得平等的法律与竞争地位的。第二，非公有制经济在法律地位和竞争地位上是形式上的平等而实际上不平等。例如，在产业准入问题上，虽然我们现在对各类经济成分实行的是同一标准，但因为国有经济在一些产业上长期处于垄断地位，实际上已经垄断了某些产业，而非公有制经济积累的时间还不长，其力量当然不可能同具有垄断地位的国有经济相抗衡，因而虽然是同一准入门槛，但却并不平等，充其量是形式上的平等，而在实际上并不平等。第三，我们现在仍然强调以公有制经济为主、多种经济成分并存，这实际上是将非公有制经济列为另册的，因为它不是“为主”的一部分，只是“并存”的那部分，因而它不能威胁到“为主”的那部分。“为主”与“并存”的提法本身就是包含着“我们是有区别的，有亲疏之分的”意思。在这种实际上并不平等的条件下，混合经济是很难形成的，因为混合经济形成的基础是各种经济成分的完全平等性。因此，我们目前必须消除歧视非公有制经济的思想，消除实际上的垄断，按照国民待遇原则平等对待各种经济成分，使非公有制经济拥有真正意义上的法律平等和竞争平等，从而推动国民经济的发展。

2. 企业形态的混合经济体制

所谓企业形态的混合经济体制，就是指企业内部存在着各种经济成分，不同种类的经济成分共同创办和共同经营某个企业。企业形态的混合经济最典型的形式就是股份制，最完善的形态就是上市公司。企业形态的混合经济体制非常有利于企业和整个国民经济高效发展。第一，企业形态的混合经济体制是一种开放的产权结构，可以吸纳社会上的任何经济成分以股东形式进入，从而有利于企业规模扩张和技术创新，有利于增强企业的竞争力和抗风险能力；第二，企业形态的混合经济体制有利于发挥各类股东的比较优势，使各种不同股东的比较优势在企业中形成一种合力，从而有利于提高企业经营活力；第三，企业形态的混合经济有利于实现经营权与所有权的分离，有利于形成职业经理人阶层，有利于实现现代公司治理，从而能够实现货币资本与人力资本的最佳组合；第四，企业形态的混合经济体制有利于全体人民享受改革开放带来的好处，因为企业形态的混合经济体制能使人们以股东的方式进入企业，享有企业的经营收益，从而提高人们的财产性收入，使人们在享有劳动性收入的同时，增加自身的财产性收入；第五，企业形态的混合经济有利于形成和谐的社会，因为和谐社会的形成有赖于协调劳动与资本的关系，而当每个人都可以通过企业形态的混合经济获得资本性收益的时候，资本收益与劳动收益就会同时体现在一个人的身上，在这种条件下，劳动与资本不会是对立的，而是相互和谐的。总之，企业形态的混合经济体制不仅有利于企业发展，而且有利于整个国民经济和社会的发展。

企业形态的混合经济体制的构建方式，就是现代公司治理。现代公司治理的核心问题，就是要处理好股东之间的相互关系，处理好企业所有者与经营者之间的相互关系。在股东之间的相互关系的问题上，既要防止大股东借机侵犯小股东利益，也要尊重大股东应有的权益；在处理企业所有者与经营者的相互关系上，既要尊重经营者应有的权益，也要防止经营者损害企业所有者的利益。总之，应该使上述的各种利益相关者之间形成有利于企业发展的合力。从实践经验来看，建立良好的公司治理的重要制度保证有三：一是形成清晰的契约关系，公司治理的各种内容是各种利益相关者共同认可的，从而用契约方式界定各种利益相关者之间的相互关系；二是各种利益相关者权责利相对称，各种利益相关者的权责利的边界极为清晰，具有可操作性的边界界定；三是各种利益相关者之间充分实现了信息的对称性，在信息对称的条件下各种利益相关者进行有效的选择，从而减少因信息不对称带来的利益相关者之间的利益损害。

在企业形态的混合经济体制中，有一个人们经常讨论的问题：谁应该成为企业的实际控制者？对于这个问题的回答，流行的观点是：从股权结构上讲，应该是公有制经济成分，尤其是国有经济作为控股者最好；从经营过程的权力构成来讲，应该是企业所有者具有对企业的实际控制权。这种观点是不对的。在股权结构中强调公有制经济尤其是国有经济的控制力，实际上仍然没有从法律平等和竞争平等的国民待遇观点来看待各种经济成分，对非公有制经济有歧视倾向；在经营权力结构中强调企业所有者的控制权，实际上仍然是停留在资本决定一切的传统公司治理理论基础上，并没有从权力相互制衡的现代公司治理理论上看问题。现代公司治理理论表明，在企业控制权问题上，有两个原则必须遵守：第一，企业高效运行原则。也就是说，谁能使企业高效运行谁就控制企业，选择企业控股股东的标准并不在于是公有制经济还是非公有制经济的问题，如果作为控股股东的国有经济不能保证企业持续盈利，企业就可以通过相关制度而终止其对企业经营的控制权。第二，权力制衡原则。也就是说，在企业经营权力的构成上，并不是强调是所有者说了算，还是经营者说了算，而是强调权力相互制衡，只有在权力相互制衡的条件下，才能保证企业高效运行。控股权必须是能够流动的，不能搞绝对控股，只能是相对控股。哪个股东能让企业高效益发展，哪个股东就可以争夺控股权。因此，现在国有绝对控股的企业，实际上并不是真正的混合经济。总之，只有在企业高效运行原则和权力制衡原则充分作用的条件下，才能保证企业形态的混合经济体制高效而稳定地运行。

3. 两种形态的混合经济体制的发展逻辑

在改革开放的初期，随着我国非公有制经济的形成和发展，混合经济体制主要表现为社会形态的混合经济体制，即各类公有制经济与各类非公有制经济并存，也是各种经济成分在“空间”上并列。在社会形态的混合经济体制中，公有制经济与非公有制经济相互补充和共同发展，当然它们之间也有着激烈的竞争。它们之间的这种竞争有两个结果：一个是相互兼并重组，即一方兼并了另一方；另一个是相互融合，即形成包含各种经济成分的混合经济制公司，包括责任有限公司和股份公司。当然，最典型的相互融合形式应该是股份制公司。这种不同经济成分在企业内部的相互融合，就是企业形态的混合经济体制。由此可见，企业形态的混合经济体制是社会形态混合经济体制的必然发展结果，不同种类的经济成分会在利益机制作用下，在同一企业内部相互融合。

企业形态的混合经济体制不仅是混合经济体制的必然发展结果，而且是混合经济体制中最典型和最基本的形式。因为，在现代生产力条件下，从整个社会的角度抽象地看，虽然存在着公有制经济和非公有制经济，但是这些不同种类的经济成分绝大部分并不是自我孤立地从事经营活动的，除极少数经济成分以独资形式存在外，基本上都在经营中实现了相互融合，表现为混合经济形式的企业。企业发展的实践表明，混合经济形式的企业，要比某种经济成分独资的企业更有效益，因而企业形态的混合经济体制也可以看作混合经济体制最先进的形式。因此，一般来说，当我们强调发展混合经济体制时，实际上指的就是发展企业形态的混合经济体制。

既然企业形态的混合经济体制是混合经济体制最典型和最先进的形式，混合经济体制又是我国经济体制改革的基本方向，那么大力发展企业形态的混合经济体制，就成了我国经济体制改革和企业改革的重要内容。我们应该将我国绝大部分企业改革成为混合经济形态的企业。按此要求，我国的国有独资的中央企业，都应该走向混合经济体制。如上所述，发展企业形态的混合经济体制的最主要问题是建立完善的公司治理模式，因而我们应该将现代公司治理作为中国企业发展的最基本制度，不断推进公司治理的完善。

四 市场经济研究

市场经济改革是我国经济体制改革的一条主线，也是学术界争论最多的一个问题，因而市场经济问题也是我在经济体制改革进程中研究最多的一个问题。我出版的著作名目如下：《经济自由与经济约束的和谐——计划与市场相结合》，陕西人民出版社于1991年4月出版，专著；《社会主义市场经济百词解说》，人民日报出版社于1992年10月出版，担任主编之一；《市场化的宏观调控体制》，陕西人民出版社于1992年10月出版，专著；《社会主义市场经济问题解难》，河北人民出版社于1993年3月出版，担任主编之一；《中国经济体制的新选择——中国市场经济通论》，四川人民出版社于1994年1月出版，同他人合著；《社会主义市场经济：理论·制度·体制》，高等教育出版社于1994年出版，担任主编；《市场经济的宏观经济管理》，中国经济出版社于1994年出版，担任主编；《十四届三中全会〈决定〉导读》，北京师范大学出版社于1994年出版，担任主编；《看得见的手——西方国家对经济的宏观调控》，人民出版社于1995年出版，同他人合著；《建立社会主义市场经济体制——企业、市场与政府》，企业管理出版社于1995年出版，担任主编；《社会主义市场经济读本》，人民出版社于1995年出版，担任主编；《政府应该干什么——西方政府经济职能考察》，人民出版社于1995年出版，同他人合著；《市场经济前沿问题：现代经济运行方式》，中国发展出版社于2001年出版，专著；《动摇不得：中国经济改革若干问题》，中国发展出版社于2007年1月出版；《走进深水区的中国经济》，中国发展出版社于2014年3月出版；《"十三五"与中国经济新常态》，企业管理出版社于2016年5月出版。

在我国的市场经济改革中，无论是学界还是政界，一开始都将政府主导型市场经济模式作为我国改革的方向，尤其是党的十四大报告，明确提出我们搞的是政府主导型市场经济，实际上是政府在资源配置中起决定性作用。这里有理论不彻底的原因，例如认为政府更多地代表公共利益与长远利益，在这方面似乎政府比市场更“英明”；同时也有实践上的原因，中国实际是从计划经济转变过来的，历来就强调政府的体制，因而容易选择政府主导型的市场经济模式。但是后来的实践充分证明，政府主导型的市场经济有两个弊端：一个是经济运作效率低，在效率低的情况下又要追求高效益，其结果必然是政府向商业银行借债，商业银行向央行借债，央行只好过多地投放货币，最终会引发金融危机；另一个是权钱交易盛行，公众日益不满，最后会引发信任危机。上述这两个弊端都会断送中国的经济发展前程，因而人们逐渐抛弃了政府主导型的市场经济模式，最典型的标志就是中共十八届三中全会提出了“市场在资源配置中起决定性作用”的市场经济改革的总体原则。依据这个原则，我国将全面深化经济体制改革，建立现代市场经济体制。

对于市场经济的研究，我除了研究中国为什么要实行市场经济、中国应实行什么样的市场经济、实行市场经济会产生什么样的结果之外，还对中国如何实行市场经济进行了大量的研究。我认为要真正实现市场在资源配置中起决定性作用，要做到下述三点：

第一，坚持市场经济原则。市场经济作为客观存在的社会经济形态，有着自身的内在作用规律，这种内在规律就是市场经济原则。实行市场经济，就必须尊重和坚持市场经济原则。具体来说，市场经济原则主要包括：一是资源配置的市场中心化原则，也就是市场实际上是配置资源的载体、中心、机制，在资源配置中起决定性作用，别的主体例如政府，仅仅是在市场起决定性作用的条件下发生作用；二是互利性等价交换原则，也就是人们讲的双赢原则，任何一方不能以损害对方的方式而获得利益；三是资源主体的自主性原则，也就是交易双方都以利益驱动为核心，而且都对自身交易的任何财物或服务具有完整的法律和事实上的支配权，即人们所说的产权清晰；四是反垄断性的自由竞争原则，市场经济的实质是自由经济，因而反对任何形式的垄断，必然要对各种垄断做出应有的规定及限制；五是崇尚优势的优胜劣汰原则，这正是市场经济推动经济发展与社会进步的力量所在；六是机会均等的公平公正原则，市场经济的正义性正是体现在这一点上，为所有参与主体提供了平等的机会；七是以契约为基础的信用经济原则，市场经济不是坑蒙拐骗，市场经济以信用为基础，而信用的重要形式是契约；八是维护有序的法治原则，市场经济其实就是法治经济，以法治为运行方式；九是以利益为形式的市场经济道德原则，市场经济是强调道德的，但其特点是以利益为形式，要求任何一方不能侵犯对方的利益，同时也强调自身利益的重要性，但不要损人利己，而是要利人利己；十是强调比较优势的开放原则，市场经济配置资源整合超越部门及地区，也会超越国度，因而实际上是充分开放的经济；十一是保障弱势的社会保障原则，市场经济整合在强调效率至上的同时，也会为弱势群体提供帮助和保障，这既会带来问题，也会解决问题，实现效率与稳定相结合。

第二，建立良好的市场制度。市场制度是市场配置资源的平台和保障，没有良好的市场制度，市场就不可能在资源配置中起决定性作用。市场制度包括四个方面的内容：一是完善的市场体系，包括完善新兴的土地交易市场、货币资源的资金融通市场、物质产品的交易市场、精神产品的流通市场、人力资源的流动市场、技术资源的交易市场等；二是充分作用的市场机制，价格机制、竞争机制、供求机制等市场机制要能够充分发挥作用；三是规范的市场秩序，包括市场规则、市场管理机制、市场法律体系、市场道德约束等，都要能有效发挥作用；四是现代化的市场运行方式，包括要实现有形市场与无形市场的相结合、传统服务业与现代服务业的相结合、市场目标与市场手段的相结合、市场成本与市场效率的相结合等。

第三，建立健全的市场经济体制。所谓市场经济体制，就是整个经济体制要反映市场在资源配置中起决定性作用的要求。其中主要包括：一是金融体制市场化，即金融要从垄断部门转变成为商务服务业，做到利率市场化、汇率市场化、人民币在资本项目的可自由兑换、放开民营银行、上市从审核制转向注册制等；二是政府体制市场化，政府不再是资源配置的主体，也不再是经济建设的中心，政府与企业的关系不再是领导与被领导，政府对企业不再实行审批制，而是实行备案制，即政府只是公布准入条件与负面清单，企业进行自我选择，企业完全拥有企业体制选择权与投资经营权；三是财税体制市场化，税收制度实行以直接税为主而以间接税为辅、综合所得税与专项所得税相结合的稳定税收的税收体制，预算制度实行全面且公开透明、财权与事权、支付责任相对称的预算制度；四是城乡体制市场化，也就是市场在资源配置上打破城乡界限，城乡在土地制度上一体化、在民生体制上一体化、在户籍制度上一体化；五是在产业体制上市场化，市场既要让竞争机制充分反映在服务业、战略性新兴产业、制造业等产业上，同时也要对发展中的某些弱势产业进行保护与扶持，像对农业这种产业进行应有的保护与扶持等；六是基本经济制度市场化，民营经济与公有制经济彻底平等、全方位保护产权、推动混合经济发展等这些与市场经济相关的原则要得到真正贯彻；七是对外开放体制市场化，市场经济真正打破国界的限制，实现既重视出口又重视进口、既强调吸引外资又强调对外投资的双向对外开放，当然要更加重视沿边开放及企业与个人在对外投资中的作用，等等。

五 宏观经济研究

现代宏观经济体制改革，是我国经济体制改革的四项基础性改革之一。从我国现代宏观经济体制改革一开始，我就非常关注宏观经济细分化的问题，我认为宏观经济问题实际上包括三个内容：一是宏观经济体制；二是宏观经济流量；三是宏观经济政策。按此思路，我相继出版如下著作：《社会主义宏观经济控制》，河北人民出版社于1987年出版，本书着重讨论宏观经济体制如何构建；《中国宏观经济管理》，中国人民大学出版社于1989年出版，任副主编；《宏观经济政策学通论》，中国金融出版社于1990年出版，本书着重讨论宏观经济政策问题；《失衡经济学导论》，中国人民大学出版社于1991年出版，此书着重讨论以总需求膨胀为特点的宏观经济流量；《居民储蓄分析》，经济科学出版社于1995年出版，与他人合著，此书也是讨论宏观经济流量；《如何启动中国经济》，中国经济出版社于2000年出版，与他人合著，此书着重讨论以总需求不足为特点的宏观经济流量；《中国经济之变局》，中国发展出版社于2009年4月出版，此书着重讨论宏观经济流量中的出口及投资流量变化之后的宏观经济格局，涉及2004年至2009年间中国宏观经济流量变动及调整的对策；《中国经济转型》，中国发展出版社于2011年出版，本书着重讨论货币政策及财政政策的作用度及流量对政策本身的约束，其中涉及有关稳增长的问题。

六 产权制度研究

产权制度改革是我国经济体制改革的一项极为重要的基础性改革，也是我一直关注并认真研究的重要领域，就此曾发表过不少论文，我出版的著作中与此内容相关的有：《魏杰集》，黑龙江出版社于1995年12月出版；《产权与企业制度分析》，高等教育出版社于1998年4月出版，与他人合著；《资本经营论纲》，上海远东出版社于1998年11月出版；《现代产权制度辨析》，首都经贸大学出版社于2000年2月出版；《新经济与企业裂变》，中国经济出版社于2000年10月出版；《走进深水区的中国经济》，中国发展出版社于2014年3月出版。

在对产权制度改革的研究中，虽然涉及产权清晰、产权顺畅流动、产权结构多元化、产权组织方式合理化等内容，但我认为在中国产权制度的一个重要内容是保护产权，因而就保护产权总结出了如下的论点：

第一，保护产权是维稳的关键。社会主义基本经济制度形成之后并不是一成不变的，而是应该随着经济发展和社会变革而不断调整和完善的。目前社会主义基本经济制度调整的重点是要更加注重保护产权，尤其是更加注重保护私人产权。因为经过40多年的改革开放和经济的发展，我国人民群众绝大部分都累积了一定的财产，人们越来越注重对自身产权的保护，保护产权已经成为普遍的公众意识和民意，社会主义基本经济制度要充分反映和体现这种公众意识和民意。我们应该清楚，有产者最怕社会动荡，最需要稳定，因而只要保护他们的合法产权，他们就会成为社会稳定的中坚力量。

第二，保护产权是“两个毫不动摇”的制度基础。毫不动摇地坚持和发展公有制经济与毫不动摇地坚持和发展非公有制经济，是中国特色社会主义基本经济制度的重要特征。这一重要特征决定了我国经济从宏观结构上看，表现为混合经济，即既有公有制经济，又有非公有制经济，公有制经济与非公有制经济相互竞争与相互融合，共同组成了中国经济；同时，从微观结构上看，我国经济也是表现为混合经济，即企业中既有公有产权，又有非公有产权，公有产权与非公有产权融合于一个企业之中，共同推动企业开展经营活动。公有制经济与非公有制经济在宏观上和微观上的相互竞争与相互融合，使得中国经济实际上已成为混合经济体制。在混合经济体制下，不同产权的相互竞争与融合，以及这种竞争与融合所引发的产权边界界定及保护产权问题，就成为社会经济生活中的一个核心问题。因此，中国特色社会主义基本经济制度在坚持“两个毫不动摇”的同时，就应该把坚持平等保护产权作为重要的法治原则。从这点上讲，平等保护产权，是中国特色社会主义基本经济制度的应有之意，是中国特色社会主义基本经济制度的重要构成部分。

第三，保护产权有助于消除福利主义与民粹主义。保护产权是社会经济制度的范畴，这种制度规范一旦形成，就会成为一种公众意识，即保护自身产权和尊重别人产权的意识，这种公众意识对于校正那种不是依靠自身勤奋和努力，而是试图通过侵占别人的产权而实现自身富有的不健康思想，是非常有用的。现在以穷为荣且试图以“打富济贫”而实现自身富有的思想存在的最主要原因，就是人们缺乏尊重别人产权的意识。保护产权是形成勤劳致富的良好社会风气的重要制度基础。假借“革命”之誉而行真动乱之实的深层原因，就是无视别人的产权，缺乏保护产权的自觉意识。一位农村出身的、靠自身勤奋努力而致富的人曾形象地说：“好吃懒做的‘二流子’的思想基础就是无视别人的产权，在产权上实行‘无政府主义’。”目前福利主义盛行的重要原因，就是无视产权保护，我们应该是帮贫不帮懒，不能搞民粹主义。

第四，保护产权有助于消除收入分配不公。我国目前贫富差距太大的主要原因不在于分配，而在于产权制度的漏洞，产权没有得到应有的保护。有些人以低价获得了有巨大赢利能力的产权，从而一夜暴富；而有些人的产权却因垄断等因素而贬值，收入不能随着经济增长而上升。居民手中的大量金融资产没有随着经济增长而升值，有的金融资产（如储蓄存款）甚至贬值了，人们的各种金融财富在隐性地向金融部门转移，于是人们难以实现富有。

第五，保护产权有助于实现社会公平正义。在我国目前要特别强调对私人产权的保护，因为公权高于私权，甚至公权可以随意侵犯私权的社会意识根深蒂固。例如：银行放贷一看是民营企业，就会在放贷条件上更加苛刻，甚至不愿放贷，等等。总之，保护私人产权是当务之急。虽然中央不断强调“两个毫不动摇”，提出非公有制经济与公有制经济在资源享受与竞争中是平等的，但实际上，非公有制经济仍然难以获得与公有制经济平等的资源享受和竞争地位。因而保护私人产权的改革仍然需要继续深化。

第六，保护产权有助于政府体制改革。政府的主要职能不是经营产权，而是保护产权，政府经营产权的结果只能是政资不分，政企不分，在产权上有政府背景与无政府背景的经济主体无法平等经营、平等竞争，经济公平难免成为一句空话。我国现在难以清晰界定政府与市场、监管与经营、宏观与微观、政府与企业等诸多社会经济关系的最主要原因，就是政府试图经营产权而没有把重点放在保护产权上。尤其是我们应该意识到，在政府不保护产权的条件下，有的民营企业就寻找非政府力量保护自身产权，其结果是出现黑恶势力。可以说，经济低效率、贪腐、黑恶势力等负面社会现象，从经济制度层面上讲，就是因为产权没能得到有效保护而产生的。

第七，保护产权有助于城市化的顺利进行。产权保护在目前推进城市化的过程中，主要表现为对农民产权的保护。农民的宅基地及宅基地上的房产应该同城市房产一样，能够用于银行抵押和市场交易；集体所有而农民承包的土地，也应该拥有产权的属性，能够用于工商登记和银行抵押。国家在将农村土地转为国有土地的过程中，要严格遵照宪法，凡是用于公益性建设的农村土地，国家可以采用征地的方式，而对于用于非公益性建设的农村土地，则应该以交易方式进行，农民作为交易主体进入市场，而国家只作为税收收取者而收取应有的税收及级差地租，政府不能再作为交易主体存在。对农民产权的保护，对于提高农民收入及推进城市化进程，都有重要意义。

第八，保护产权有助于防止国有资产流失。目前产权保护的突出问题虽然是私人产权不能得到有效保护，但国有产权保护不到位也是大问题，国有经济中的贪腐与国有资产流失的问题也很严重。国有产权不能得到保护的重要原因是国有资产管理体制有问题。目前这种将国有资产监管职能与国有资产经营职能都融于国资委一身的体制，实际上无法形成对国有产权的有效监管。尤其是对于国有产权，如果将其社会职能与赢利职能融为一体，不进行有效区分，就会使实际掌握国有产权的人，经常以所谓社会职能作为掩护而侵吞国有产权的经营收益，将侵吞国有产权“体制化”和“合法化”。

第九，保护产权有助于实现权力制衡。保护产权延伸到政治层面就是保护人权，因为人权的重要内容是产权，不保护产权，就难以谈到保护人权。人权面前人人平等，这是人类现代社会的最核心价值观。公众目前面临的一个重要问题，就是特权有时会侵犯人权。特权之所以会侵犯人权，其经济原因就是缺乏对产权的保护。政治是经济的最集中反映，经济制度的不完善，会导致政治及社会生活的扭曲。因此，保护产权涉及政治及社会生活的稳定。公权与私权的相互制衡，尤其是对公权有效制衡，并不是西方的独创思想，中国很早就强调社会稳定的重要基础是对公权的制衡，私权与公权需要相互制衡。

第十，保护产权有助于推动技术创新。产权就其物质形态讲，包括物质产权（自然资源、土地、货币资本、设备及各种生产资料等）、知识产权、劳动产权（个人对自身劳动的所有与支配）。产权就其所有者层面讲，包括国有产权、自然人产权、共有产权、法人产权、社团产权、社区产权等。因此，保护产权是一个系统工程，我们不仅要保护物质产权和劳动产权，还要保护知识产权，如果不保护知识产权，谁都可以“山寨”别人的技术创新，就会令人们不愿意下大力气投资于技术创新；我们不仅要保护国有产权与共有产权，还要注重保护其他种类的产权，尤其是自然人产权。我们必须平等界定各种产权的权利边界与利益，不能歧视任何形式的产权。

第十一，保护产权是推进各项改革的重要保障。我国经济体制改革能否完成的最深层次的制度保障，就是能否有效保护产权。只有有效保护产权，政府行为才能受到约束，才能清晰界定政府和企业的权力边界；只有保护产权，资源价格及要素价格才能在市场博弈中走向市场化，实现市场定价，利率市场化和汇价市场化才能形成；只有在保护产权中，企业家队伍才能最终形成，企业家队伍的形成状况与保护产权的状况成正相关；只有在保护产权中，人们才会投资于技术创新，才会致力于技术创新，才能实现创新驱动战略；只有产权得到有效保护，人们才会注重长期投资，才不会去搞短期投机；只有在有效保护产权的条件下，各种经济主体的权利边界才会清晰，财税体制才能取得真正的改革；只有保护产权，才能形成公平公正的收入分配体制；等等。实际上，市场经济形成的最根本条件是产权清晰与保护产权，只有在产权清晰与保护产权中，交易双方才能实现利益共享的双赢，才不会相互地欺诈与恶斗。所以，没有产权清晰与产权保护，就没有真正的市场经济。

如何保护产权？

主要是要形成保护产权的社会意识和在宪法、民法、刑法等法律体系中贯彻保护产权的法律规范。现在大多数人仍然缺乏保护产权的意识，在有些人眼里，似乎任何私人产权都可以随时剥夺，盲目的公有风潮仍然存在。同时，法律体系上也并未完全贯彻产权平等的法律原则，并没有彻底将平等地保护产权作为根本性法律准则。因此，我国必须要在公众意识与法律体系上尽快释放出保护产权的积极信号，这对保持社会稳定繁荣是有帮助的。1992年市场经济体制改革带来了我国经济的高速发展与体制改革的深化，现在释放保护产权的信号，仍然有这样的作用。为此，我们应该在三个层面上做工作：

一是在理论上，要进行创新，真正形成各种生产要素共同创造社会财富，按要素贡献分配财富的理论，彻底抛弃只有劳动创造财富，而资本收益具有剥削性质的陈腐观念，真正形成科学的产权理论。不讲前提地说公权道德至上是错误的。任何形式的合法产权都是应该被尊重的。同时，要在理论上确立市场经济就是契约经济，契约经济要求必须保护产权。保护产权、契约经济、市场经济这三者是密不可分的。

二是在公众意识上，要不断强化保护产权的意识，尤其是要有尊重和保护私人产权的意识，不能盲目认为私有是万恶之源，私权与公权的权利边界界定，在于法律体系本身的设定，而不在于某种产权本身的属性，如果盲目认为私有是万恶之源，就必然会堵塞中国深化改革之路。

三是在法律体系上，从宪法到刑法和民法的整个法律体系上，贯彻平等保护各种产权的原则，有效地从法律上保护产权，尤其是保护私人产权。现在的法律体系仍然是一个公权法，并不是一个公权与私权平等的法律体系，我国须尽快完善法律体系，实现公权与私权平等。

七　收入分配体制研究

对于现代收入分配制度的研究，我在20世纪80年代初就发表过不少相关文章，其中不少观点反映在相关著作中，尤其是东方出版社于1990年出版的《建立新的收入分配体制》、中共中央党校出版社于1995年出版的《分配经济学》、中国发展出版社于2007年1月出版的《动摇不得：中国经济改革若干问题》、中国发展出版社于2008年1月出版的《崛起中的磨合》、中国经济出版社于2008年10月出版的《亲历改革：中国经济发展回顾（1978—2008）》这几本书，比较集中地反映了我对收入分配体制改革的看法与建议。

从人类社会发展的经验和教训来看，在现代经济条件下，经济利益的和谐有赖于中产阶层比例的扩大，中产阶层在社会群体构成中的比例越大，社会就越和谐、越稳定。因此，推动中产阶层比例的扩大，是我们实现经济利益和谐的最重要的战略选择。但是，这并不是说，我们可以不关注经济利益格局中的弱势群体和高收入群体，恰恰相反，我们只有关注弱势群体和高收入群体，才能扩大中产阶层的比例，才能实现经济利益和谐，在我国目前的条件下，这一点尤为重要。因此，经济利益和谐的重要任务是解决如何对待弱势群体与高收入群体的问题。

1. 弱势群体与经济利益和谐

所谓弱势群体，就是指那些获得经济利益的能力较差，生活质量低下，面对社会变化的承受力较弱，自我社会地位评价较低的人。在社会阶层的格局中，弱势群体是一个特殊的社会群体。虽然弱势群体在社会阶层中的比例并不大，但是他们对于社会稳定和经济利益和谐，有重要作用。尤其是在我国当前社会经济状况快速变动的条件下，弱势群体的问题就更为突出。因为，无论是经济体制的剧烈变动，还是生产力的快速发展，都会存在各种原因使一些人在激烈的竞争中处于不利地位，甚至被“淘汰出局”，从而形成社会变革与社会发展中的弱势群体。正因为这样，弱势群体的问题目前在我国得到了越来越多的关注。我们认为，在实现社会和谐与经济利益和谐的过程中，处理好弱势群体的问题是极其重要的。

弱势群体的弱势地位，无论是自身原因，还是体制原因，最终都表现为是由其获取经济利益的能力不足所引发的。所以改善这些人的处境，应该主要从增强其获取经济利益的能力着手。我国现在实行的是现代市场经济体制，在市场经济条件下，总体经济利益的初次分配是在市场中进行的，在市场经济配置的基础上，政府通过公共权力再对初次分配进行二次分配，实行有效调节，并且在此基础上社会再通过多种渠道，再进行第三次分配。因此，改善弱势群体弱势地位的政策和措施，可以从以下几个方面进行考虑：

第一，提高弱势群体的收入水平。因为在初次分配中，市场发挥着主要作用，劳动力的供求关系对分配状况有较大的影响，尤其是在我国的劳动力供求关系的总体态势处于供过于求的条件下，初次分配对弱势阶层的分配状况的改善确实有难度，因而我们首先要强调再分配的作用。例如，可以通过利用国家和地方的财政收入，提高农产品的最低收购价，提高最低收入保障线，增加退休工人的退休金等，来提高弱势阶层的经济利益。最起码，二次分配可以确保弱势群体拥有基本的生活保障。当然，这种方式虽然可以直接提高弱势群体的收入水平，但同时也需要国家财力作为支撑，因而在我国目前财力还不太雄厚的情况下，这种方式的覆盖面相对较窄，增加弱势群体整体经济利益的作用有限。因此，有人认为，应该不断大幅度提高最低工资水平以提高弱势群体的收入。我们认为，这个方法是值得商榷的。不结合社会生产的发展程度，盲目地提高最低工资水平，虽然可以在短期内增加弱势群体的收入，但是却破坏了以市场为主，配置劳动力资源的机制，导致资本流失和劳动力有效需求的不足，最终会影响到弱势群体的整体收入水平。所以，我们还是应该把二次分配作为重要措施，例如提高收入保障的最低线。

第二，建立和完善社会保障等相关体系。对于弱势群体来讲，他们不但关注自身经济利益的提高，而且也关注自身保障体系的完善。因此，我们在增加弱势群体收入的同时，要注重社会保障体系的建立。我认为，就我国目前的情况来看，对于弱势群体来说，建立社会保障体系比增加收入更重要，而且对协调经济利益和谐更容易和更有效。因此，要建立和完善社会保障体系。一方面，可以通过政府设立相应的制度并利用金融保险市场，完善包括医疗卫生、养老和教育等相关方面的社会保障体系，这样既可以减少“因病致贫”“因老致贫”等现象的出现，也可以为弱势群体中有劳动能力的人提供一个相对稳定的劳动环境。另一方面，通过政府设立相关的用工制度，弥补市场在配置劳动力资源方面形成的资本占强势地位的缺陷，建立适当偏向劳动者的市场关系。另外，还可以借鉴发达国家的一些制度，鼓励社会中的个人和团体帮助和扶持弱势群体，增强社会第三次分配的作用，间接提高弱势群体的收入水平。

不过，上面两种政策和措施主要是从外部环境提高弱势群体获取经济利益的能力，是一种“输血”的形式。并且，这还需要国家的财力支持和配套的制度，需要较长的时间。因此，在目前的情况下，上述两种措施只能在一定程度上从外部改善弱势群体的弱势地位，若要从根本上改变弱势群体的弱势地位，就必须从弱势群体的自身因素着手。

第三，提升弱势群体的个人素质。提高弱势群体的个人素质的主要目的是提高弱势群体的就业能力，强化就业意识，使其能够凭借自身的能力参与市场竞争，参与社会生产的初次分配，提高收入，改善和改变其弱势地位。这是提高弱势群体获取经济利益能力的最终解决办法。一般来说，提高弱势群体参与市场竞争的个人能力，一方面是市场主导下的初次分配的必然要求，另一方面也体现了“各尽所能,各取所需”的这一当前社会的宗旨。只有提高弱势群体自身的能力，才能使其在市场竞争中获得进一步提升自身能力的机会，跟上经济与社会的发展进程，获得“再造血”的能力。而只有拥有了“再造血”的能力，才能够摆脱对政府和社会“输血”的依赖性，摆脱弱势地位，实现个人的发展。历史经验也表明，我国现阶段的财力不允许也不可能为弱势群体提供脱离现阶段生产力的过高保障。否则，就会回到计划经济体制下的“大锅饭”，损害社会中其他群体的经济利益。所以，应该坚决防止“养贫”和“养懒”的情况出现。在具体措施上，政府可以考虑在义务教育的基础上，针对不同的弱势群体，进行就业教育、职业教育和基本技能培训；同时，鼓励企业对劳动者进行培训，利用市场与社会的力量，对弱势群体进行专业技能培训，提高个人素质。

总之，改善弱势群体的弱势地位和促进经济利益和谐是紧密联系的。要促进经济利益和谐，就需要改善弱势群体的弱势地位。如何达到这样的目的？我们应该从外部环境和内部因素上考虑和分析弱势群体的形成，从其形成原因入手，并结合具体的实际情况，帮助和扶持弱势群体改善和改变其弱势地位，实现社会和谐。当然，我们无论采取何种手段，都没有办法完全消除弱势阶层，只能缩小弱势阶层的比例和弱势的程度，来保障整个社会的利益和谐。对此，我们应该有正确的认识。

2. 高收入群体与经济利益和谐

我国的基尼系数现在已经达到0.45。与改革开放初期的0.29相比，有了明显的变化。这说明当前我国社会确实存在较大的收入差距。虽然基尼系数的具体测算方式在国内还存在一定的争议，我们也不看重这个数据，但是社会中有些群体的收入过于高出社会平均收入水平，这一事实却是得到普遍承认的。这些群体被称为高收入群体。高收入群体是如何形成的，他们的存在是否与“和谐”相背离，如何看待高收入群体，等等，这些问题是我们在推动经济利益和谐，构建和谐社会的过程中必须加以关注的。

如何对待高收入与高收入群体？从有利于经济发展和社会和谐的角度来看，我们应对当前已经形成的高收入和高收入群体进行分类，并相应采取不同的调控举措。

第一，由个人劳动因素形成的高收入与高收入群体。对这种高收入和高收入群体，我们首先应给以充分的承认和鼓励。大家知道，社会和谐在很大程度上取决于社会生产的发展水平，而社会生产的发展水平，则是由一定条件下社会成员的个人劳动的付出决定的，因而只有社会成员的高付出，才有社会生产力的发展，而高付出的背后是高收入者。我们上面已经分析了这类群体收入高的原因是个人劳动效率高，因而可以认为这类高收入群体的形成是有助于社会生产发展的，是与社会和谐的总体目标相一致的，是有利于社会成员之间的收入和谐的。

因此，对于这类高收入和高收入群体，如果我们仅考虑剥夺他们的收入或削弱这个群体获得收入的能力，就会导致平均主义和“大锅饭”，阻碍社会生产力发展。所以，社会应该一方面对这类高收入群体持积极鼓励的态度，鼓励已有的这类高收入群体成员进一步提高个人劳动效率，获得更高收入；另一方面，对社会其他成员应该按照机会平等的原则，创造教育、就业等发展条件，实现个人劳动效率的提升，从而从规模上促进这类高收入群体的进一步发展，通过其他社会阶层的高收入，来协调经济利益上的和谐。

第二，由资本和资源性因素形成的高收入与高收入群体。这类高收入群体拥有资本等生产要素，资本的回报构成了个人的高收入。资本回报形成的高收入与我们传统观念中的收入，即只承认劳动收入的观念，有很大的差距。因而，这类收入在社会上很容易引起争议。甚至有的观点认为，这类收入是靠剥削他人得来的，应该坚决予以遏制。有的观点则认为，我们现在实行的是按劳分配和按要素分配相结合的体制，这类收入含有资本所有者的劳动，因而这类收入应该予以鼓励。到底应如何正确对待这类因素形成的高收入？我们认为应该从以下几个方面考虑：

首先，这些高收入是否完全是由资本所有者的劳动形成的？

应当承认，我国当前很多的民营企业所有者，同时也是企业的经营者。在他们所获得的高收入中含有作为经营者的个人劳动，而且还是劳动效率较高、市场较为稀缺的个人劳动，这些劳动理应获得较高的劳动回报。

但是，按照社会的普遍衡量标准来看，仅仅就这些个人劳动而言，只能解释这些收入中的一部分，并不能涵盖所有的收入。也就是说，这些收入中有很大一部分与资本所有者的个人劳动无关，是由受资本雇佣的劳动者创造的，因而应该给予调节。我们认为，由于市场资本稀缺以及社会分配制度方面的因素，这些表现为资本回报的财富，为资本所有者获得是应当的，对应有的资本收益不能随便调节。

其次，是否应该坚决遏制与资本所有者个人劳动无关的资本收入？

目前社会上有不少人主要持有遏制的观点。而我们认为这种观点是不对的，是值得商榷的，其理由如下：

第一，在我国目前的经济体制下，社会收入分配和再分配制度的具体状况，决定了我们不能一味地否定资本性收入。在宪法承认私有财产，并存在承认私人财产的《中华人民共和国物权法》的条件下，否定资本收入是缺乏依据的、不合法的；而且，因为缺乏相应的能真正区分个人劳动收入与资本收入有关的收入分配制度，人们实际上很难区分资本所有者的个人劳动收入和资本收入，这就使得社会对劳动收入与资本收入的区分缺乏可操作的区分手段。因而在这种局面下，否定资本性收入，容易影响所有者的积极性和整体经济的发展，不利于和谐社会的构建。特别是，中华人民共和国成立以来，社会主义建设实践所积累的经验和教训也证明，完全否定资本收入不符合我国的具体国情。

第二，发展市场经济允许资本参与收入分配。私人资本是市场经济的重要组成部分，也是社会资本的重要组成部分。这是因为：①资本作为经济的要素之一，在市场上是相对稀缺的。吸收私人资本，可以有效地解决市场中缺乏资金的问题。②利用私人资本可以吸收社会剩余劳动力，解决就业问题。③利用私人资本可以增加国家税收，增加社会的总体福利。④国有资本在一些市场领域不能或不便参与竞争，而私人资本则可以在这些领域充分竞争，完善市场的功能，满足社会大众的物质需求。所以，必须承认私人资本在市场经济中的存在及其在市场经济中的巨大作用。相应地，也应该允许私人资本获得资本回报，允许资本所有者获得资本回报带来的高收入。

当然，在允许资本所有者可以获得资本带来的高收入的同时，应当加强对这些高收入的规范和引导。一是鼓励和引导资本所有者对其获得的高收入进行再投资，进一步解决市场中资金短缺的问题，缓解社会就业压力，增加社会税收，尤其是避免资本转移到国外，影响我国的经济发展；二是规范高收入的获取方式，保障受资本雇佣劳动者的权益和福利；三是在条件相对成熟的时候，可以借鉴发达国家的成功经验，考虑逐步引导资本带来的高收入的流向，例如推动社会捐赠和实行遗产税，使其朝着有利于社会进步和社会和谐的方向发展。

只有这样，才能够既保障社会生产的发展和控制资本性的高收入带来的某些负面影响，又有利于和谐社会的构建。

第三，由行政性垄断因素形成的高收入与高收入群体。按照前面的分析，这类高收入群体的高收入形成的主要原因是国家政策的倾斜，但是也存在个人较高的劳动付出的情况，因而对这种高收入不能一味采取否定的态度，而是要灵活调节。

所以，一方面，应该充分肯定较高的劳动付出可以获得较高的劳动收入，这是有利于社会生产发展和社会和谐的；另一方面，应当尽量避免由于国家政策引发的高收入，如果不能避免，则应当通过二次分配予以适当调整。这是因为政府对某些行业和地区的政策优惠意味着对其他行业和地区的不公平。也就是说，获得政策优惠的行业和地区的政策成本与风险是由各个行业和各个地区共同承担的，但是相应的政策收益和风险收益却只是由个别行业和地区享有，并被转化为个人的高收入。尤其是当这些行业和地区已经有了较大发展的时候，这类群体还享有国家的政策优惠所形成的高收入，那就更不合理。这种情况不应该长期存在，否则会影响到收入和谐，乃至整个社会的和谐。

最后，由非正常因素形成的高收入与高收入群体。那些以违反法律的手段而获得的高收入，完全与个人贡献无关，破坏了社会的公平公正原则，并且容易造成社会不安定，影响社会和谐，因而应当予以坚决取缔。有的官员竟然收受大量的现金和贵重物品，这种腐败必须严惩，反腐是解决非法高收入的最好办法之一。当然，对于那些违背社会道德规范，但并未违法而钻法律漏洞的高收入，即所谓“灰色”高收入，考虑其基本上也是利用权力或职位的特殊性而取得的，与个人能力不相关，容易引起社会不满，不利于社会和谐，也应当予以取缔。不能说明收入来源的收入就是属于此类，应严加惩处。

总之，我们应当按照构建和谐社会的要求，分析高收入群体的形成，考察高收入群体在和谐社会中所能发挥的作用，并对不同高收入加以区别对待。只有这样，才能达到经济利益和谐及社会和谐。

八　城市化与工业化研究

城市化与工业化既是中国经济发展的必经阶段，也是中国经济体制改革的重要内容，因而备受经济学界关注，当然也是我在经济学生涯中较为关注的一个问题。我曾就城市化与工业化发表过一些论文，尤其是在出版的两本专著中全面分析过中国的城市化与工业化，一本是中国发展出版社于2003年出版的《驱动财富进程》一书，另一本是我的关于城市化与工业化的演讲集，即郑州大学出版社于2006年出版的《中国著名经济学家讲演丛书：转型中国》一书。我是较早从改革的角度考虑我国城市化与工业化的，城市化与工业化在我国不仅仅是一个发展经济学的问题，它在很大程度上与我国的改革相关联，没有城市化与工业化，实际上就不可能有全面深入的改革。

在工业化问题上，我一直认为：

第一，工业化分为前工业化与后工业化，人类社会现在已进入后工业化时代，因而我国推动的应该是后工业化，其主要特征是：一是信息化工业化，包括用信息化改造工业的工艺流程、工业的信息交流方式、工业结构、工业的国际化方式和工业管理方式与体制等；二是绿色工业化，包括工业污染治理体制的塑造、治理方式的选择、治理成本的确定等；三是人文化工业化，包括工业化必须以尊重人性为基础、必须以有利于人类发展为目标、以扩大人的自我选择为中心等；四是市场工业化，即工业化以市场在资源配置中起决定性作用为基础，抛弃行政性工业化；五是企业工业化，即工业化以企业为主体，并且以民间资本为中心；六是效益化工业化，包括推动工业的技术创新和管理创新等；七是和谐化工业化，即要消除因为工业化带来的各种负面因素，实现工业化与自然及社会在各个方面的和谐；八是知识化工业化，即知识是工业化的基础，而且知识的创新会带来工业化的创新，其中包括培育创新能力与创新意识和形成良好的国民教育基础等。

第二，工业化既不是指要大办企业，也不是指要大办制造业，更不是指要消灭农业，工业化是相对于农业文明而言的，是人类社会生产力与生活方式发展的一个新阶段，其标志是第二产业和第三产业在经济发展中的比重远远高于第一产业即农业，而且农业的生产方式也采用了工业化的许多原则及方式，例如分工协作原则、农场制、机械化、自动化、信息化等，从而形成了与工业化相协调的农业生产方式。因此，我国工业化的任务是，既要推动一二三产业的协调发展，又要推动农业生产方式的变革，形成工业化式的农业，也就是实现农业现代化。

在城市化问题上，我一直认为：

第一，城市化既不是要消灭农村，也不是城市盘剥农村，更不是要形成发达的城市和落后的乡村，城市化实际上是相对于农村文明而言的，它是人类发展的一个新阶段，是指城市生活与生产方式成为主流生活与生产方式，同时城市生活与生产方式影响并改造农村的生活与生产方式，城乡出现了协调发展，也就是城乡一体化。因此，城市化的核心问题是城乡一体化。

第二，城乡一体化中的城乡生活方式一体化，不仅仅包括衣食住行的城乡一体化，如电气化和通信便捷化，还包括农村卫生环境如自来水、公共厕所及生活污水和生活垃圾处理等问题同城市一样，实现了现代化水平。同时，城乡一体化中的生活方式一体化，不仅仅指农村实行市场经济的基本原则，强调分工协作原则及诚信原则等，打破农耕文化的保守及封闭的传统观念，而且生产方式也更加注重科学化，很好地利用机械化、自动化、数字化等现代生产方式改革旧的生产方式。

第三，从城乡一体化这一点出发，我认为我国城市化需要解决三大问题：一是城乡一体化。其中包括城乡民生享受体系一体化，民生体系包括教育、医疗、社会保障，因而城乡在教育、医疗、社会保障上是相同的；城乡土地制度一体化，即农村所有制土地的使用权与国有土地使用权，同权同利，都可以流通、转让、抵押和工商登记；城乡户籍制度一体化，即逐步取消农村到城市的落户限制；城乡产业经营体系一体化，即实行统一市场体系。二是进城农民问题。我们要为进城农民提供良好的融入城市的体制，包括实行农民自我选择的人权原则、农民就业的竞争原则、农民生活福利的公平原则、农民地位的平等原则等；当然农民也要在城市化中自我提升，包括遵守城市的规则、保护城市的公共产品、适应城市的生活文明、提升自身的技术能力和素质等。三是城市化发展战略。主要包括确定大中小城市的各自地位与功能，特别是要关注各种类型的中心城市发展与小城镇发展，在小城镇发展上更加注重就业、产业、基础设施等，保证小城镇的可持续发展。考虑到现在小城镇并没有城市规划权、民生与基础设施建设权，因而可以让更多的建制镇升为市，也可称之为镇级市，从而使建制镇为自身的良好发展获得应有的财权、事权、支付责任，为建设美丽的小城镇而努力。

九 法治社会研究

经济学理论作为人类社会选择最佳经济体制的思想体系，其发挥作用的最有效形式是形成经济体制，但经济体制需要法律的保护并法治化，因为任何形式的经济体制的运作，都是以法律为基础并体现为法律体系的。正是基于这种逻辑关系，所以经济学理论、经济体制、法治社会这三者，实际上是一个问题的不同方面而已。因此，我在经济学研究中，在关注经济学理论、经济体制的同时，也非常关注法治社会的问题，写过相关文章，尤其是在中国发展出版社于2008年1月出版的《崛起中的磨合：中国现实经济问题》一书中，做过较为深入的研究。

在现代社会经济条件下，人们都认为法治社会是一种最佳的社会体制，尤其是人们认识到它也是建立和谐社会的基础和保障，对社会发展和社会稳定具有重大意义，因而建立和完善法治社会，是人们现在的共识。但是，究竟什么是法治社会，其核心内容是什么？对此，人们有不同的认识，例如，有人认为具有完善的法律就是法治社会。法治社会确实需要有完善的法律，但是有法律并不等于是法治社会，比如，封建社会也有完善的法律，但它并不是法治社会。因此，我们对法治社会要有正确的理解。我认为在现代市场经济条件下，法治社会的要点有三个：

1. 法治社会首先表现为契约社会

所谓契约社会，就是人们所共识的并以此为自身行为准则的共同规则，都是人们的共同意愿和自身意志的体现，社会契约有各种形式，其最高形式是法律体系。因此，作为社会契约的最高形式的法律体系，也应当是人们共同认可的结果，其形成过程和内容，都是以民主方式为基础的。正因为如此，人们经常将法治社会和民主相联系，甚至称之为民主法治社会。可以说，没有民主，就没有法治社会，法律的形成过程和内容反映着民意，体现着民主，是人们的共同认可。当然，这种共同认可并不是指人人都认可，而是指社会大多数成员认可。因此，从这一点上讲，法律实际上是民主的产物，是公众认可的并以民主方式所选择的社会公共契约，即人人都必须遵守的社会契约。法律与民主内在结合在一起，形成了契约社会，也就是人们所讲的法治社会。

民主的最高形式是一人一票的投票制度，民主的最高原则是少数服从多数。以这种民主方式而形成的共识，就是社会契约，其最高形式表现为法律体系。正因为如此，从这一点上讲，民主似乎也不完全“公平”，因为它要求少数人服从多数人，并不承认少数人的意愿，这也表明了绝对个性自由的公平实际上是不存在的。由此可见，法律作为公众认可的共同规则，即社会契约，其必须以民主为基础，在民主程序的认可下形成，这是法治社会的首要特征。如果法律只是某些个人意志或少数人的意见，那么这种法律就不是法治社会的范畴，而是“皇权”的标志，是封建特权的产物。封建社会虽然也有法律，但它不是法治社会，因为封建社会的法律仅仅是统治者的个人意志，而不是人民的共识。因此，不能认为有法律就是法治社会，关键是看法律是如何形成的，体现了谁的意志。可以说，法治社会的首要特点和标志，就是法律的形成是大多数人的共识，其形成过程是以民主方式为基础的，是以民主程序为准则的，体现了人民的意志和要求。

但是，在法治社会中，对法律的形成不能搞“泛民主化”，也就是不能将人们的所有行为规则，以及这些规则的内容，都以民主方式来决定。因为，有些人们必须遵守的共同规则，也就是社会契约，并不是由民主方式决定的，而是人性本身的反映和要求。也就是说，由人性本身所决定的社会契约，它是天然存在的，并不需要由民主方式来确定，并且，不仅不能以民主方式来决定，尤其是不能由一人一票的少数服从多数的民主方式来决定，而且民主方式必须体现和尊重它。这种情况，就是人们所说的，人类本身的内在规律必然要赋予法律本身的“特权”，要求法律必须体现和反映它，或者说，法律必须要尊重和认同人类社会的内在要求。法律必须反映和体现的人类社会的内在要求是什么？这种内在要求有三个要点：

一是尊重人权。也就是说，任何人一出生就必须享有人权，这种人权并不是法律赋予人类社会的，而是人类社会赋予法律的，法律必须体现人权的意志和要求，法律必须要保障人权。如果法律不体现人权和保障人权，甚至无视人权，那么轻则说它是侵犯人权，重则说它是犯有反人类罪，因而无论这种法律是以民主方式而形成的大多数人的共识，还是某些人的自身行为，都是有悖于法治社会的。因为尊重人权是具有“天然性”的人类社会的必然要求，所以尊重人权并不是由法律来决定的，而是人类社会赋予法律的任务和职能，法律必须要反映人权要求和保障人权。从这点上讲，尊重人权是“超法律的”，是法律不能改变和破坏的，法律必须要尊重和保障人权。例如，当一个人已无法通过自身努力而获得生存条件时，社会就必须救助他，并且要在法律体系上真正体现救助，这是人权赋予法律的责任和职能，而不是由法律来决定要不要救助，法律所能决定的，是如何更好地救助，以何种有效方式救助，而不能决定要不要救助。因此，从这一点上讲，人权要求决定了法律体系，人权赋予了法律的责任和义务。

二是尊重财产。也就是说，任何人和机构，甚至包括国家，都不能随便剥夺某些个人或者某个群体的合法财产，合法财产是不能被侵犯的。而且，任何财产都具有平等性权利，没有一种财产超过另一种财产的说法，例如可以说国家利益高于个人利益，但不能说国有财产高于个人财产，财产在法律面前一律平等。尊重财产是人类社会的内在要求，是人类社会赋予法律的责任和义务，法律必须尊重和保障人民的财产，这是法律的核心内容。也就是说，不是法律规定并要求人们必须尊重财产，而是人类社会和财产本身要求法律必须体现和反映尊重财产的要求，要求法律必须平等地保护各种合法财产。因此，对合法财产的保护，是法律的天然职责和功能，任何人都不能通过一人一票的少数服从多数的所谓民主原则，制定剥夺别人合法财产的所谓法律。因为这种法律似乎体现了民主原则，但它却违反了人类社会本身的内在要求，颠倒了人类社会本身的内在要求和法律的应有关系，人类社会的内在要求决定了法律，而不是法律决定人类社会本身的内在要求。因此，从这一点上讲，尊重财产是“超越”任何法律体系的，即法律不能决定剥夺任何人或机构的合法财产，而只能是以维护各类合法财产为己任。为什么法律必须保障合法财产？因为人类社会的实践表明，任何无视甚至随意剥夺别人财产的行为，都会破坏生产力的发展，都会阻碍人类社会的进步。因此，在这里，一人一票的少数服从多数的民主原则是行不通的，民主是不能以法律形式剥夺别人合法财产的，否则，就会出大问题。最近我们给一家民营企业的员工们发了调查问卷，其中有一个问题是：你如何看待你们老板收入高，如何对待这种收入高？结果是，80%的人竟然回答：“因为老板剥削了我们，最公正的方法是平均分掉财产。”试想，在这种情况下，我们要以一人一票的少数服从多数的民主方式来对待这个问题的话，那么老板肯定是少数，因而以一人一票的少数服从多数的民主方式来制定不尊重财产的法律，其后果将不堪设想。在这种条件下，生产力怎么能发展呢？因此，尊重财产是人类社会的内在要求，无论法律是以何种方式形成的，是以强制方式还是民主方式，都不能把随便剥夺别人的合法财产作为内容和规则。宪法关于平等保护各类合法财产的条文，以及《中华人民共和国物权法》的实施，正是体现了法律必须尊重财产的法律精神。

三是尊重契约。所谓尊重契约，就是指法律必须保护当事人在法律基础上的自我选择，当人与人之间就某种问题达成了契约，即形成了共识，那么法律就必须保护这种契约。在现代市场经济条件下，人与人之间日益深入的分工协作关系往往都以交易方式表现出来，而交易方式得以运作的基础和前提就是契约，也就是当事人对这种交易的各个方面取得了共识，因而都要遵守和共同实现这种契约，法律有责任和义务来确保这种契约的实现和贯彻。尊重契约实际上反映的是社会的信用程度。如果人们都不遵守契约，社会就会缺乏信用。在缺乏信用的条件下，社会的经济秩序就一定是混乱的。因此，尊重契约是社会经济秩序的基础。正因为如此，法治社会最基本的内容之一，就是保护契约、尊重契约。现代人类社会中的每个人和每个单位的自由选择，都必须以尊重当事人的利益和以当事人的认可为前提，因而人与人之间实际上是一种利益之间的互换，即人们常说的交易。交易实际上是以双赢为基础的，是当事者的自愿选择，这种自愿选择的交易表现为契约，因而任何法律都必须保护和尊重这种交易，即保护和尊重契约。也就是说，法治社会中的民主和法律，必须以尊重契约为基础。法律要保护契约，而且一人一票的少数服从多数的民主，也不能否认契约，而是必须尊重契约。契约是以人性即人的自由选择以及人与人之间的共识为基础的，因而法治社会必须把尊重契约作为一个重要的核心内容，法律和民主都不能不尊重契约，更不能破坏契约。人类社会进步的重要标志是个性的自我选择程度越来越广泛，而这种个性的自我选择又以当事人的共同认可，即契约为基础，所以法律必须反映这种社会进步，尊重契约。尊重契约等于尊重个性的自我选择，尊重社会进步。因此，法律以尊重契约为基础。

上述三点分析表明，法治社会的核心是尊重人权、尊重财产、尊重契约。因此，法律必须保护人权、保护财产、保护契约，而且作为法律形成基础的民主，也必须尊重人权、尊重财产、尊重契约，不能以一人一票和少数服从多数的民主方式损害人权、侵犯财产、破坏契约，而是必须以尊重人权、尊重财产、尊重契约为责任和义务。正是从这种意义上讲，尊重人权、尊重财产、尊重契约，是法律和民主的任务和目标，是法治社会的核心问题。任何法律和民主，都不能危及人权、财产、契约，都应该将尊重人权、尊重财产、尊重契约为己任，这也是我们判断法律和民主状况的标准，当然也是评价法治社会状况的度量标准。也就是说，任何法律和民主的选择，都必须以尊重人权、尊重财产、尊重契约为前提，否则，它将阻碍社会的发展。

2. 法治社会的基础是法律面前人人平等

所谓法律面前人人平等，就是指法律一旦实施，任何人或机构都必须遵守法律，依法办事。如果完善的法律体系没有贯彻法律面前人人平等的原则，那么法律体系越完善，距离法治社会就越远，因为它在破坏着法治社会的根基。因此，从这一点上讲，法律面前人人平等，是法治社会的基础，我们在现实中必须坚持这个原则。就我国的现实情况来看，虽然法律面前人人平等原则的实现涉及多方面问题，但有四种关系必须处理好：

一是强势利益集团和法律的关系。在多元化利益主体存在的社会里，利益集团的存在是必然的，但是任何利益集团都必须遵守法律，都不能凌驾于法律之上，尤其是强势利益集团。强势利益集团，即拥有较强财富力量的集团。强势利益集团往往会利用自身某些方面的力量，影响法律公正，为自身利益服务，因而法律面前人人平等原则的贯彻，一定要将防范强势利益集团危及法律公正作为重要任务，加大对这方面执法情况的监督，其中最主要的是提高执法情况的透明度，实现信息对称。因为强势利益集团影响法律公正的手段往往是“暗箱”操作，所以只有增强透明度，才能防范强势利益集团对法律公正性的影响。在多元利益主体存在的条件下，各个利益阶层及利益集团寻求自身利益和保护自身利益是很正常的，正是因为它们各自寻求和保护自身利益，才形成了一种利益上的均衡和相互制衡，这种均衡和相互制衡就是和谐，但问题是所有这些行为都必须以遵守法律为前提，任何人都不能不遵守法律，更不能凌驾于法律之上。

二是行政权力和法律的关系。行政权力往往拥有某些无视法律甚至破坏法律的“天然优势”。因此，要坚持法律面前人人平等的原则，就必须加大对行政权力的约束。在我国的违法事件中，行政违法占的比例很高，而且这些行政违法往往以“经济发展”和所谓“民意”为理由。我曾经看过一篇报道，说某地方官员公开讲：“别老是用法律压人，如果什么事都按法律办，那什么事都干不成，经济怎么发展？老百姓怎么富有？”这种无视法律的“法盲”，之所以敢公开这样讲，就是因为我们对行政以法为本的原则坚持不够，对行政权力的法律约束不够。现在人们对行政不作为的问题较为关注，有各种考核指标，但对行政不依法的问题关注不够，甚至对那些所谓“有利于经济增长”的违法性的行为，能够容忍，甚至赞扬，似乎只要能带动经济增长，违法也是可以的。当然，这里也有一个法律是否合理的问题，尤其是在我们这样一个转型中的国家，这种问题比较突出，需要我们下大力气解决。我们应该看到，行政违法背后都是为了某些个人的利益和某些利益集团的私利，其结果必然是破坏社会的公平正义，因而必须严格查处。

三是党和法律的关系。这里讲的党和法律的关系，是指作为我国执政党的共产党和法律的关系。关键是要处理好党和法律的关系，也就是党不能凌驾于法律之上，不能以党代法，执政党也要在法律的框架下活动，依法办事。

四是弱势阶层和法律的关系。弱势阶层较少拥有影响法律的力量，因而似乎探讨弱势阶层和法律的关系是个奇怪的问题。其实不然，在我国，由于各种因素，弱势阶层也会以违法的形式将自身凌驾于法律之上，不遵守法律。例如，一些大街上乱摆摊的小摊小贩，以及行乞的人，往往不遵守有关法律，和执法部门玩猫捉老鼠的“游戏”。“要钱没有，要命有一条，我是无产者我怕谁”，有人以此种方式无视法律，因为穷而将自身凌驾于法律之上。因此，法律既要将保护弱势阶层作为重要任务，也要宣传法律面前人人平等的原则，任何人都不能以各种理由无视法律。穷并不可怕，我们会想办法使人们走向共同富裕，但不能因为穷而无视法律。

3. 法治社会的关键是司法公正

司法公正既是法治社会的重要内容和原则，也是实现法治社会的基础和关键。因为，所有法律最终都是要通过司法机构来监督实现和贯彻的。如果司法不公正，甚至司法腐败，那么任何公正和完善的法律都会失效，法治社会就是一句空话。在这种条件下，法律不仅不可能实现公正，而且还会成为某些人或机构的"帮凶"。因此，我们要建立法治社会，就必须要实现司法公正。如何实现司法公正？虽然涉及很多方面的问题，但我认为，就我国目前的状况来看，关键是要做到以下几点：

一是司法独立。司法独立不是指司法机构独断专行，其行为不受任何约束，而是指司法机构以法律为本，将法律作为自身的行为准则和方向，法律至上，"以法为天，唯法为大"。也就是说，司法机构不能成为某些人或机构手中的工具，司法机构只效忠于法律，而并不受任何人或机构的摆布。因此，从这一点上讲，司法独立是司法公正的前提，如果司法机构不能独立地按照规定来执法，那么肯定就谈不上司法公正。

二是司法监督。所谓司法监督，是指对司法机构及其执法过程和结果的监督。司法公正的实现，有赖于对司法机构的有效监督。可以说，没有良好的司法监督，就没有司法公正。司法监督首先涉及的是司法机构的内部监督，例如公安、检察院和法院之间的相互约束和监督。因此，我们应该构建良好的司法机构内部的监督机制。在这方面，世界各国已有许多好的经验供我们借鉴。但是，司法监督的关键还是在于对司法机构的外部监督。外部监督既包括立法机构及政府对司法机构的监督，也包括民众对司法机构的监督。立法机构及政府对司法机构的监督是很重要的，因此我们必须进一步完善政府对司法机构的监督。除此之外，我们不能忽视民众对司法机构的监督，要从有效性和有序化的角度出发，为民众监督司法机构提供更多的路径和方式。当然，上述的各种司法监督都需要一个重要的前提条件，那就是司法机构运作和司法过程的高度透明性，也就是要使各种监督能实现信息对称，因为各种监督失效，都发生在信息不对称的时候。因此，我们必须提高司法机构运作过程和执法情况的透明度，让人们随时掌握司法机构的所有信息。只有在信息高度透明的条件下，所有监督才是有效的。因此，我们必须提高所有执法行为的透明度，为司法监督提供良好的基础。

三是司法效率。司法效率是指司法机构必须高效率执法，随时维护法律的尊严和保护法律的实施。如果司法无效率，那么构建法治社会就是一句空话。因此，司法效率也是司法公正的重要内容。司法无效率，实际上也就是司法不作为。司法不作为，就其结果来说，实际上同非法治社会没有什么区别，因为它们都会影响社会公平正义，所以谈不上司法公正。如何实现司法效率？当然首先是要构建一套有效的奖惩分明的司法机构管理制度，形成优秀的司法队伍。在司法队伍的构建及其内部管理体制的建立上，全世界各国都有许多经验可以借鉴。不过，司法效率的提高也有赖于监督体制的完善，包括对司法效率的考核目标体系的建立及评价标准的设置等。总之，我们应该从各个方面形成高效率司法体制，从而使司法管理现代化，确保司法机构高效率运转，实现效率意义上的司法公正。当然，司法效率是建立在执法的准确性上的，首先要确保执法的准确性，如果冤案和假案太多，那么司法越是有“效率”，就越会破坏司法公正。因此，提高执法准确率，是实现司法效率的前提和保证，我们必须确保执法的准确性，将司法效率建立在执法准确性的基础上，实现真正的司法效率。

肆

我对中国企业改革的全面探索

企业问题是我一直非常喜欢研究的问题。我参与了几十家企业改制方案的制订及战略论证实践，甚至追踪了一些企业近十年的发展历程。到清华任教以后，我一直想创立一门企业经济学。关于企业改革问题的研究，我曾先后出版了下述著作：《中国企业大趋势》，中国经济出版社于1998年10月出版，同他人合著；《企业前沿问题——现代企业管理方案》，中国发展出版社于2001年出版；《企业制度安排——企业存亡诊断书》，中国发展出版社于2002年出版；《企业战略选择——企业发展航标图》，中国发展出版社于2002年出版；《企业文化塑造——企业生命常青藤》，中国发展出版社于2002年出版；《大企业——21世纪经济的主导力量》，中国发展出版社于2002年出版，任主编之一；《中国MBA案例Ⅰ》，中国发展出版社于2002年出版，任主编之一；《中国MBA案例Ⅱ》，中国发展出版社于2003年出版，任主编之一；《产品背后的竞争——企业七大关系》，中国发展出版社于2004年出版；《企业哲学——成功管理者的七维视野》，中国发展出版社于2005年出版；《企业突围——从中国制造到中国创造》，中国发展出版社于2005年出版。2005年我对原先出版的《企业制度安排——企业存亡诊断书》《企业战略选择——企业发展航标图》《企业文化塑造——企业生命常青藤》这三本书做了修订，以《中国企业制度创新》《中国企业战略创新》《中国企业文化创新》为题，于2006年初相继由中国发展出版社出版。我对中国企业问题的研究，大致形成了下述观点。

一　企业制度问题

企业制度是企业赖以生存的体制基础，是企业及其内部机构的行为准则，是包括经营管理层在内的企业所有员工的行为规范，是企业高效发展的活力源泉，是企业有序化运行的体制框架，是企业高效率从事经营活动的体制保障，因而企业的自主创新，往往首先来自企业制度的创新。正是由于此，企业改革的首要内容是企业制度的改革。在我国几十年的企业改革中，企业制度改革主要涉及下述内容：

1. 企业产权制度

企业产权制度包括五大要点，企业产权制度改革也主要集中在这五个要点上：

一是产权清晰，产权清晰既包括产权在法律上的清晰，也包括产权在经营过程中的清晰，是两种清晰的统一。因此，对于产权在法律上清晰而经营过程中不清晰的国有企业来讲，产权改革的重点在于实现产权在经营过程中的清晰，对于产权在经营过程中清晰但在法律上不清晰的非公有制企业来讲，产权改革的重点则在于实现法律上的清晰。

二是产权结构多元化，即把出资者只有一个的一元化产权结构，转变成出资者有好多个的多元化产权结构，形成包括各类经济成分在内的企业形态的混合经济体制，从而消除国有企业的行政性干预和非公有制企业的家族血缘关系干预，使产权制度成为能充分发挥各种出资者的比较优势的开放性产权制度。

三是产权顺畅流动，使产权制度能够适应企业的生产性经营和资本性经营的需要，实现快速的交易和重组，这就要求我们必须完善作为产权流动基础的资本市场，完善产权的定价机制，完善产权交易的法律界定，从而有效提高产权流动的交易效率。

四是产权组织方式合理化，也就是使企业内部的各类产权能够以最有效的组织方式组合起来，并形成强大的合力。因为现代企业内部的各类产权最有效的组织方式是公司制，既包括责任有限公司，也包括股份公司，所以企业组织方式的合理化就是要彻底改革工厂制而形成公司制，实现公司化股份制改革，形成包括责任有限公司和股份公司在内的现代公司体制。

五是产权权责明确，也就是要处理好和界定好人权体系、产权体系、国家权力体系这三大类人类社会的权力体系的相互关系，防止人权体系和国家权力体系对产权体系形成不应有的干预和侵蚀，尤其是要防止国家权力体系对产权体系形成各种行政性干预，因而要重点处理好政府与企业的相互关系，杜绝政府对企业的任何行政干预，确保产权的权责利的有效实现和相互统一。

2. 企业法人治理结构

企业的自主创新来自对企业的各种利益相关者的相互关系的有效界定，这种界定所有利益相关者的相互关系的制度设计，就是人们所讲的公司治理或公司治理结构，其中包括：界定股东之间的相互关系的股东治理结构，界定不同层次的委托代理者之间的相互关系的委托代理结构，界定不同层次的经营者之间的相互关系的经营者治理结构，界定经营管理者与普通员工之间的相互关系的内部人治理结构，界定经营者与所有者之间的相互关系的法人治理结构。由此可见，企业法人治理结构不同于人们通常讲的公司治理或公司治理结构，公司治理或公司治理结构是讨论所有利益相关者的相互关系如何界定，而企业法人治理结构的重点则是只讨论企业所有者与经营者的相互关系如何界定。

企业的所有者与经营者的相互关系在过去相当长的历史时期内表现为三个特点：一是所有者属于资本，而经营者属于劳动；二是所有者说了算，经营者必须听所有者的，这种情况通常被称为资本统治劳动；三是只有作为利益相关者的一方说了算，即资本说了算，这种治理制度属于单边治理。近几十年来，随着生产力的发展，经营者在企业经营中的地位和作用都发生了根本性变化，因而所有者与经营者之间的相互关系出现了三个新特点：一是所有者是资本，经营者也属于资本，只不过是所有者被称为货币资本，而经营者被称为人力资本，也就是说，所有者同经营者都作为资本而存在，只不过是属于不同种类的资本而已；二是在企业经营过程中，不仅仅作为货币资本的所有者说了算，而且作为人力资本的经营者也可以说了算，是两种资本的相互制衡，而不是一种资本统治另一种资本；三是作为利益相关者的两个方面都可以说了算，所以法人治理结构不再是单边治理，而是双边治理。这就是人们所说的企业法人治理结构革命，其核心是人力资本登上了历史舞台。

由此可见，现代企业法人治理结构的内容主要是实现两种资本的相互制衡，其中包括：一是建立人力资本的激励机制，重点在于经济利益激励、权力和地位激励、价值理念激励；二是建立人力资本的约束机制，重点在于企业内部约束、社会机制约束、自我约束。在这里，讨论人力资本的激励机制和人力资本的约束机制，似乎都是在讨论人力资本问题，但是实际上这些机制能够起到两种资本相互制衡的作用。因为人力资本的激励机制是承认和尊重人力资本的地位、利益和作用，而人力资本的约束机制则是承认和尊重货币资本的地位、利益和作用，所以人力资本的激励机制和约束机制可以有效实现两种资本的相互制衡。

3. 企业组织结构

所谓企业组织结构，主要是讨论企业内部应该设立什么样的机构，如何界定这些不同机构之间的相互关系。企业内部究竟应该设立什么样的机构，以及如何界定它们之间的关系，主要涉及两个原则：

一个是财产制度原则，也就是按照财产制度的要求设置各种机构。例如按照财产制度原则，股份制企业应该设置的机构有股东大会、董事会、监事会、经营机构等，它们之间的相互关系表现为委托代理关系、授权关系、博弈关系、异化关系、影子关系、责权利关系等，这些关系的界定涉及董事会如何完善的问题以及母子公司关系如何协调的问题等。

另一个是经营需要原则，也就是按照高效率经营企业的需求而设置相关机构，并按照高效经营的需要而界定它们之间的相互关系。例如按照经营中的功能定位需要设置相关机构，按照经营中的职能分解需要设置相关机构，并使这些按照经营需要而设置的相关机构的关系界定，真正贯彻纵向组合原则、横向组合原则、纵横组合原则，这些原则涉及纵向上的上下级机构的责权利关系，横向上各种机构的分工协作关系，以及上下级责权利关系与横向分工协作关系的相互协调等。

4. 企业管理制度

企业管理制度主要是讨论企业管理制度的创新，主要包括：

一是管理模式创新，涉及亲情化管理模式、友情化管理模式、温情化管理模式、随机化管理模式、制度化管理模式等。

二是管理轴心创新，包括以生产要素管理为管理轴心、以经营流程管理为管理轴心、以质量管理为管理轴心、以岗位管理为管理轴心、以资源管理为管理轴心等。

三是管理目标创新，包括利润最大化目标与人性化管理目标的相互关系的组合、企业选择目标与市场认可目标的相互关系的组合、企业目标与非企业目标的相互关系的组合、企业规模目标与流动性目标的相互关系的组合、企业速度目标与企业稳定目标的相互关系的组合等。

四是企业管理手段创新，涉及技术设备性管理手段、利益性管理手段、契约性管理手段、新技术性管理手段、社会科学性管理手段的有效配合，重点是将人类在自然科学和社会科学上的创新及时运用于企业管理中。

五是企业管理组合创新，包括正常管理与防危机管理的有效组合、工作性管理与非工作性管理的有效组合、调动积极性与有效控制的有效组合、有形资产管理与无形资产管理的有效组合、管理者与被管理者的有效组合等。

5. 企业人格化制度

抛开物的因素，企业实际上就是一群人，这群人的相互关系如何界定，人与企业的关系如何界定，直接影响企业自主创新能力的形成。因而确定人与人的相互关系以及人与企业的相互关系如何界定，是企业制度的重要内容，这些内容就是人们所讲的企业人格化制度。从我国40多年的企业改革实践来看，企业人格化制度的设置包括两大内容：

一是企业经营中人与人的相互关系的界定。界定人与人的相互关系要做到人际关系制度化、人际关系目标化、人际关系契约化、人际关系人本化、人际关系组合化、人际关系融合化。

二是人与企业的相互关系的界定。界定人与企业的相互关系的制度设置原则，是企业不能危害人的利益，当然人也不能危害企业的利益。例如，企业应该成为既能够成为充分发挥个人聪明才智和积极性的平台，又能够成为提升个人聪明才智的学习型组织，从而实现企业与人的相互关系的有效协调。反过来，每个人也要尊重企业利益。例如，要从有利于企业发展的角度来对待企业，在薪酬要求与职业选择上不能脱离企业的现实，如不能脱离企业利润增长状况而提出超越现实的薪酬要求，等等。

总之，人格化制度要有效协调人与人的相互关系，有效协调人与企业的相互关系，从而推动企业自主创新能力的形成。

6. 企业契约制度

所谓企业契约制度，就是指企业的所有利益相关者之间有着深厚的共同认可与共同承诺。企业契约制度实际上是企业所有制度赖以存在的基础，因为如果没有利益相关者对包括产权制度在内的所有企业制度的认可和承诺，就不可能建立企业制度并有效发挥作用。

正因为如此，企业契约制度也是企业制度存在和运行的主要形式，因为企业制度的各个内容都要以当事者的共同认可为基础，并以契约形式加以确立。如果没有共同的认可和承诺，任何企业制度实际上都难以存在和发挥作用。当然，契约制度不仅仅是企业制度的存在基础和表现形式，也是企业制度的重要组成部分，因为企业制度的各个组成部分都包含着各种契约制度，例如产权制度中的股东之间的合约、法人治理结构中的所有者与经营者之间的合约，等等。因而企业契约制度是企业制度的重要内容。可以说，契约制度是企业中的各种生产要素的最基本组合方式，是企业中的各种组织机构的运行规则和机制，是企业内部分工协作原则发挥作用的体制基础，是企业制度设置的组织原则及企业制度采取的最基本形式，是企业人格化制度的最基础性内在规则，是企业调节自身同外部关系的最基本方式，是企业有序化高效发展的最基本保障。

从我国企业40多年的改革实践来看，企业契约制度具体表现为企业与人之间的契约制度、各种产权要素之间的契约制度、企业的各个组织机构之间的契约制度、企业的各个岗位之间的契约制度、企业同外部的各种利益相关者的契约制度等。所有这些契约制度的有效实现，有赖于契约制度在形式上具有完整性、在内容上具有清晰性、在参与主体上具有意愿性、在属性上具有严肃性、在运作上具有可操作性、在执行上具有惩罚性。因此，我们应该从上述这几个方面有效完善企业契约制度。

二 企业战略问题

企业战略是决定企业经营活动成败的关键性因素，是企业实现自身理性目标的前提条件，是企业长久性地高效发展的重要基础，是企业充满活力的有效保障，是企业及其所有员工的行动纲领。因此，企业改革必然涉及企业战略问题，要求企业进行战略创新，那么企业战略创新就成了企业改革的一个极其重要的内容，这就使得企业改革不仅仅表现为企业制度的变革过程，也包括企业战略的创新过程。具体来说，企业战略创新涉及下述内容：

1. 企业产业战略

企业作为从事经营活动的主体，其最终目的是要为市场提供社会需要的产品和服务，因而企业必须根据自身的比较优势选择经营活动的方向和范围，也就是要清楚自身到底该从事何种产业，是从事某一种产业，还是从事好几种产业，从而实现自身对产业的选择。企业对产业的有目的性的选择，就是企业的产业战略。一般来说，企业的产业战略主要包括两个内容：

一是产业方向战略，也就是指企业要确定将哪一种产业或者哪些产业作为自身的经营方向。这种选择贯彻了两种原则：一种是比较优势原则，也就是根据自身在体制上、管理上、经营上、技术上、要素上的比较优势，选择那些自身最有比较优势的产业；另一种是市场规模最大化原则，也就是要对各产业的市场拥有量进行分析，确定哪些产业是朝阳产业或潜在性朝阳产业，哪些产业是夕阳产业或潜在性夕阳产业，哪些产业是成长产业或潜在性成长产业，等等，从而选择最具有市场前景的产业。

二是产业结构战略，也就是要回答是从事某一种产业，还是从事好几种产业的问题。具体表现为是选择单业性产业发展战略，还是选择多业性产业发展战略。如果选择单业性产业发展战略，就还涉及选择何种产业，是选择某个产业的整体还是选择某个产业的某个环节、某个行业、某个层面；如果选择多业性产业发展战略，那就还涉及选择哪一种多业性产业发展模式，是选择那种各个产业之间会形成一种合力的合力型多业性产业发展模式，还是选择那种以产业链的组合为切入点的产业链型多业性产业发展战略，或者是选择那种产业之间并没有任何关联度但具有整体竞争力的混合型多业性产业发展模式。从我国的企业改革实践来看，无论是选择单业性产业发展战略还是多业性产业发展战略都有成功和失败的例子。这其中的关键问题并不在于这些战略本身，而是企业要根据自身的能力和比较优势来确定自身的产业结构战略，这是中国企业在40多年改革中总结出的重要经验教训。

2. 企业市场战略

企业市场战略是企业战略的一个极其重要的组成部分，甚至可以说是企业战略的基础和核心，因为企业生存和发展的基础是市场，企业的经营状况由市场来决定，并随着市场的变动而变动。企业经营活动总是在一定的市场条件下进行并必然受制于市场状况的经济规律这一特征，决定了企业的经营活动必须以市场为核心和基础，这是企业经营活动的本质性特征。因此，企业必须要选择好自身的市场战略。

从我国40多年的企业改革实践来看，企业市场战略的选择涉及两个方面的内容：一是要利用市场的十大要素来争夺自身的市场份额，即利用价格、质量、效用、客户、服务、品牌、资源、技术、文化、营销这些市场要素，形成争夺市场份额的价格战略、质量战略、效用战略、客户战略、服务战略、品牌战略、资源战略、技术战略、文化战略、营销战略；二是判断影响市场发展趋向的宏观经济走势，包括分析宏观经济的各种变量，例如分析总供求关系，分析货币变量、财政变量、国际收支变量等各种宏观经济变量，并且在此基础上把握包括货币政策、财政政策、国际收支政策在内的各种宏观经济政策的走势，从而形成对市场变动趋向的正确认识，最终制定出科学的市场战略。

3. 企业资金融通战略

资金是企业的最基本生产要素，因而企业资金融通战略也是企业战略的一个最基本性内容。一般来说，企业资金融通战略包括两个重要组成部分：

一是货币形态的资金融通战略，其中涉及选择债务资金与资本金的最佳组合，选择不同种类债务资金的最佳组合，选择不同种类资本金的最佳组合，是有效地利用各种货币形态资金的方式。

二是基于资金融通战略的资本经营，包括选择资本经营的各种形式，其中涉及企业并购形式的资本经营、上市形式的资本经营、上市后的资本经营、买方形式的资本经营、卖方形式的资本经营、中外合资形式的资本经营、利用国际资本市场的资本经营等。当然，还要为这些不同形式的资本经营寻找良好的体制和政策环境，从而使各种形式的资本经营能够高效顺利地进行，最终使企业能够在实物和产权形态上获得融通资金的效应。

4. 企业技术战略

虽然企业竞争也可以依靠成本优势，但企业最终自主创新能力的形成，则主要依靠技术优势。技术优势是企业自主创新能力形成的基础，因而企业技术战略也是企业战略的一个极其重要的内容。这对于低成本时代已经基本结束，高成本时代已经到来的中国企业来说更为重要。

从我国企业40多年的技术创新实践来看，企业技术创新战略的内容主要有十大要点：一是企业技术创新方向如何选择的问题，二是企业技术创新切入点的确定问题，三是企业技术创新的技术来源问题，四是企业技术创新模式的选择问题，五是企业技术创新资金的筹措问题，六是企业技术创新力量的组合问题，七是企业技术创新团队的组建问题，八是企业技术创新机构的建设问题，九是企业技术创新的可持续发展问题，十是企业技术创新的社会基础扩展问题。

5. 企业人力资源战略

人是企业经营过程中的首要生产要素，因而人力资源战略是企业战略的重要组成部分，人力资源战略创新是企业战略创新的重要亮点。在我国企业改革的40多年实践中，人力资源战略创新主要表现在下述五个方面：

一是基于人首先是人权主体的人力资源战略，重点强调尊重人格，突出柔性管理，关心员工发展，实现制度管理与人本主义的有效结合。

二是基于人都是利益主体的人力资源战略，重点在于以尊重人的利益为出发点，并且以责任为中心而设计人的权利与利益，实现人的责权利的有效统一。

三是基于人普遍都有优缺点的人力资源战略，在实践中强调贯彻团队精神原则，实行使人们之间能够有效优势互补的内在融合原则。

四是基于人都是具有流动性特点的人力资源战略，在人力资源管理中实现人才流动与团队稳定的相结合、人才引进与培养的相结合、人才社会化与企业化的相结合、人才本土化与国际化的相结合。

五是基于人都需要不断提升的人力资源战略，重点在于使企业能够真正成为学习性组织，从而使每个人都能在企业经营的过程中增长才干和提升精神修养，把企业发展与个人发展有效地统一起来。

6. 企业国际化战略

任何企业在开放条件下都必然既要面对国内市场和充分利用国内资源，也要面对国际市场和充分利用国际资源，因而企业国际化战略也是企业战略不可缺少的组成部分。我国40多年的企业改革实践表明，企业国际化战略的科学性，首先在于企业国际化战略的选择必须以国际化的变动实践为出发点，要有效适应国际化变动的新特点和新要求。例如在2003年以前的国际化进程中，我国企业将“整合国内资源而占领国际市场”作为战略出发点，但在2003年以后则将“整合国际资源而开发国内市场”作为战略出发点，这就是人们通常所说的是选择外向型国际化模式，还是选择内向型国际化模式的问题。也就是说，企业国际化战略的模式选择，要以国际化的变动趋向为基础。

一般来说，企业国际化战略涉及两个内容：一个是企业产品的国际化，也就是国际贸易问题，包括进口与出口；另一个是企业资本的国际化，既包括企业对国际资本的利用问题，也包括企业对外投资问题。我国企业在改革开放的40多年中，在这两个方面都取得了巨大成就，使中国经济开始融入国际经济潮流之中。

三 企业文化问题

企业文化作为企业制度和企业战略在人的价值理念上的反映，对企业的自主创新能力的形成和提升都具有极其重要的作用。可以说，企业文化是企业生存和发展的灵魂，是企业制度和企业战略得以有效实现的重要思想保障，是企业制度创新和企业战略创新的理念基础，是企业活力和创新能力的内在源泉，是对企业行为规范的深层次自我约束。因此，企业改革必然伴随着企业文化的变革，企业文化变革实际上是企业改革在人的价值理念上的深化。具体讲，企业文化包括：

1. 经营性企业文化

所谓经营性企业文化，就是指企业在经营活动中要求员工必须具有的价值理念，这些价值理念反映在企业的所有经营活动中，是员工从事经营活动的思想基础，支配着员工的经营行为和经营实践。企业的经营性企业文化包括以下内容：

一是内在性诚信理念，强调诚信是企业经营的基本准则，并要求企业全方位地贯彻各种形式的诚信原则，以诚信为本。

二是主动性市场理念，强调市场是决定企业生存和发展的基础，要求企业必须尊重市场经济规则，掌握争夺自身市场占有额的有效方法，并且要爱护市场、创造市场和开发市场。

三是能动性创新理念，强调创新是企业活力的源泉，要求企业进行各种内容的创新和各个层次的创新，并且注重对创新的投入，尊重和激励创新。

四是自觉性法律理念，强调企业经营活动必须以遵守法律为基础，并且要全面地掌握法律，充分地利用和运用法律。

五是全方位性经营理念，强调企业既要注重生产经营，也要注重资本经营，实现两种经营的有效结合，特别是在资本经营上要充分运用资本经营的各种方式和手段，选择良好的资本经营战略。

六是理性化双赢理念，强调双赢理念是企业长远利益和企业可持续发展的根本，要求企业在经营中协调好自身与利益相关者的相互关系，使自身与利益相关者在经营过程中实现双赢。

七是有效性竞争理念，强调有效性竞争是企业依靠自身努力的竞争，是比较优势的竞争，是理性竞争，是规范性竞争，是反垄断的自由竞争，要求企业必须关注和实行有效性竞争，而不能搞非有效性竞争。

八是可持续发展理念，强调企业在经营中要实现各种经营目标的有效组合，实现能力与机会的有效组合，实现稳定与扩张的有效组合，实现当前利益与长远利益的有效组合，从而确保企业的可持续发展。

九是快速应变理念，强调企业在经营中要随着技术发展而快速应变，要随着市场变化而快速应变，要随着产业变化而快速应变，要随着宏观经济变化而快速应变，要随着竞争对手变化而快速应变，等等。

十是多层次性品牌理念，强调企业在经营中要注重产品品牌、产业品牌和企业品牌这三种不同层次的品牌，并且善于创造品牌和充分利用品牌，尤其是在经营过程中不断提升品牌的价值。

十一是预警性反危机理念，强调企业在经营中要注重防范各种形式的危机，并且注重构建反危机的体制基础和储备反危机的资金力量，尤其是要寻求包括社会力量在内的各种反危机力量的支持，实现企业快速发展与稳健经营的有效结合。

十二是比较优势理念，强调企业在经营中要注重自身比较优势的发挥，全方面地创造自身的比较优势，把比较优势作为自主创新能力的基础。

十三是开放性拓展理念，强调企业在经营中要注重国际分工协作的特点，实现自身产品和资本的全面开放，并且构建能使自身有效实现全面开放的体制基础。

2. 管理性企业文化

所谓管理性企业文化，就是指在管理活动中企业员工应具有的价值理念，企业通过这些理念来界定和处理在管理活动中遇到的各种矛盾和关系，因而管理性企业文化是企业管理活动的重要思想基础。其中主要包括：

一是责权利对称性管理理念，强调企业要以责权利的对称为基点，安排企业的管理活动和处理企业管理中的各种问题。

二是高效率性管理理念，强调企业要处理好管理成本与收益的相互关系，选择最低成本和最高收益的有效管理方式。

三是共享共担性管理理念，强调企业要与员工共享利益和共担风险，实现企业与员工在收益及风险上的有效组合。

四是互动性管理理念，强调企业要处理好管理者与被管理者的相互关系，要从管理者与被管理者的互动性上选择管理方式。

五是员工主体自觉性管理理念，强调企业要从经济利益激励和精神提升等方面塑造员工在管理活动中的自觉性意识，有效形成管理中的员工自我约束。

六是人本主义管理理念，强调企业要以尊重员工人格为基础，以温和性管理方式为中心，以员工与企业的共同认可，即契约规则为基点，实现人性化管理模式。

七是理性化管理理念，强调企业要将管理现代化与企业适应性相结合，虽然管理现代化的方向不能改变，但必须考虑企业的适应性问题，从现代化与适应性的有效组合上选择管理方式和手段。

八是有序化管理理念，强调企业不能为所欲为地选择管理手段，而是要考虑企业的管理目标问题，实现管理手段与管理目标的有效组合，从而形成有序化管理模式。

3. 体制性企业文化

所谓体制性企业文化，就是指维系企业制度存在和运转的价值理念，它是企业制度在人的价值理念上的反映，因而体制性企业文化是企业文化的重要组成部分。其主要内容有：

一是契约理念，其要点是，契约理念作为当事者在价值理念上的共同认可和承诺，决定了契约理念既是企业制度的最主要表现形式和存在基础，也是企业处理各种关系的准则，而且契约理念还体现在企业制度的各个方面，因而企业在新体制建立和运转的过程中，都必须全面贯彻契约理念。

二是共赢平台理念，其要点是，共赢平台理念不仅是构造企业制度的基础，而且是所有利益主体赖以存在的基础，企业体制中的任何利益主体只有在企业这个平台才能实现自身的价值，因而这不仅要求企业要在体制上关爱所有当事者，也要求所有当事者必须关爱企业，从而实现企业与当事人的共赢。

三是内在融合理念，其要点是，内在融合是以尊重个性平等为前提的，内在融合的关键在于实现比较优势的有效组合，内在融合的基点在于必须承认个性之间的差异，内在融合的目的是实现人们之间的相互关爱，因而企业必须全方位地实现内在融合理念。

四是忠诚理念，其要点是，忠诚理念是企业制度存在和发挥作用的基础，忠诚理念的关键在于处理个人利益与企业利益的相互关系，忠诚理念的前提是把承认个体主体性作为基础，忠诚理念的实现需要人们以真诚和善良为中心，因而企业要全面贯彻忠诚理念。

五是团队精神理念，其要点是，团队精神理念最充分地反映了现代生产力的内在要求，团队精神理念是协调人们之间相互关系的基本准则，团队精神理念是企业综合效益的最根本保证，团队精神理念实现了个体自我创新能力与团队协作原则的有效组合。

六是敬业进取理念，其要点是，敬业进取是企业活力的内在性源泉，敬业进取是企业可持续发展的基础，企业制度的建立必须以敬业进取为中心，敬业进取要求人们实现品德与能力的内在统一，企业与员工只有在敬业进取中才能获得利益。

七是现代差别理念，其要点是，人本主义与效率原则的有机统一，能力差别导致了分工差别、收入方式差别和收入水平差别，这些差别的存在是公平合理的，它们充分体现了公平原则和效率原则的有效结合，因而企业要全方位贯彻现代差别理念。

八是效率唯一性理念，其要点是，企业制度设置以效率为中心，效率是界定企业内部差别的唯一准则，尊重效率是员工行为的重要基准，效率与人本主义实际上是有机统一的，因而企业必须贯彻效率唯一性理念。

九是制度至上理念，其要点是，企业制度是企业保持活力与可持续发展的最根本保证，企业制度是界定和处理企业内部矛盾的最基本原则，忠于企业制度是员工行为及理念的出发点，因而企业必须贯彻制度至上的理念，并且实现企业制度的稳定性与变革性的内在统一。

十是生产力中心理念，其要点是，企业制度设置必须充分体现生产力的内在要求，在生产力中心理念与传统理念的冲突中，要以生产力中心理念为基点而变革传统理念，并且要处理好生产力中心理念与社会道德的发展、与人类社会的全面发展、与社会制度调整之间的相互关系。

4. 转型性企业文化

所谓转型性企业文化，就是指中国正处于社会转型时期，这种转型要求企业员工有与之相应的价值理念，因而转型性企业文化是企业处理自身与社会变革之间相互关系的价值理念。转型性企业文化虽然涉及因为转型而引起的许多价值理念，但其最主要的价值理念有如下几点：

一是理性化公平分配理念，强调人们要正确对待目前出现的收入差距问题。对于由非正常因素引起的非公平性收入差距过大的问题，我们必须调节；但对于公平性收入差距，我们则必须承认，我们只能通过三次分配过程将收入差距调节到应有的范围内。

二是新型工业化理念，强调企业在工业化进程中要坚持信息化工业化、绿色工业化、人文工业化、市场化工业化、效益性工业化、和谐性工业化、知识化工业化。

三是最佳城镇化价值理念，强调企业在参与城镇化的进程中，要以效益提升为目标，以人文关怀为原则，以可持续发展为中心，以全方位开放为基点，实现大中小城市的有效组合。

四是和谐社会理念，强调企业要在和谐社会的构建中承担应有的社会责任和道义责任，使自身成为责任企业。

五是科学发展理念，强调企业在发展中要注重处理自身发展与环境的关系，注重协调自身发展与资源消耗的矛盾，从而使自身实现效益基础上的可持续发展。

四 企业社会定位问题

任何企业都是生存于一定的社会条件下的，因而企业必须处理和界定好自身同社会的各种关系，也就是要搞清楚自身的社会定位。企业的社会定位直接涉及企业的生存和发展问题，因而企业社会定位同企业制度、企业战略等问题一样，也是企业的重大问题，企业改革也包含了企业社会定位问题。一般来讲，虽然企业同社会各方面的根本利益是一致的，但企业也确实同社会各方面存在着利益差别甚至矛盾，因而企业在协调自身同社会各方面利益关系的时候，强调自身利益是对的，但绝对不能为了自身利益而触碰法律底线和道德底线。在追求自身利益中必须遵守法律与道德的基本准则，在同社会的和谐中获得符合法律和道德的自身利益。企业在处理和界定自身与社会各个方面的关系中，也就是确定自身社会定位的时候，涉及企业与政府、企业与市场、企业与社会、企业与宏观经济、企业与产业、企业与社区、企业与环境这些相关关系。

1. 企业与政府的关系

我国的传统体制形成了政府过度干预企业的政企不分的政企关系，因而改革开放以后我国企业改革的重点就是调整和消除政府对企业的过度干预，建立市场经济基础上的政企关系。例如，强调政府要为企业服务，要将过去政府对企业的审批制转变成负面清单制及备案制，要使政企关系以法律为准则，等等。按照市场经济的要求，要建立良好的政企关系。

一方面，政府对企业的调控要建立在现代宏观经济体制的基础上，不能对企业进行不必要的行政干预，确保企业能够有效地进行独立自主的经营。

另一方面，企业影响政府应该以法律为基础，通过正当的渠道实现自身利益诉求和政治表达，并通过参与法律及政策的制定而获得自身应有的经济利益和满足自身的政治意愿，但是企业绝不能通过不合法手段让政府为自身提供特殊服务，以损害社会和其他企业的利益来换取自身的利益，例如通过权钱交易的方式获得自身的利益。

总之，在政企关系问题上，政府对企业的影响和企业对政府的影响，都应该以法治为基础。

2. 企业与市场的关系

市场是企业存在和发展的基础，企业是市场运行的微观基础，因而企业与市场之间是相互依存和相互影响的关系。企业与市场的这种关系决定了企业必须尊重和有效地选择市场，当然也可以开发和创造市场，但企业绝不能超越和决定市场。在中国企业的改革中，一个重要的问题是企业如何适应和选择市场，爱护和开发市场，并形成强烈的市场意识，按照市场的内在运行规律办事。以前，不少企业就是因为没有市场意识，无视市场的变化动向，最终被市场淘汰。不过，经过40多年的努力，中国企业已经开始形成一套选择和创新市场的体制及机制，并形成了一套相应的市场理念。

可以说，企业成为市场化的企业，是中国企业改革的重大成就。

3. 企业与社会的关系

在现代生产力条件下，企业是社会存在和发展的基础，因为企业为社会提供了就业机会，创造了财富，并提供了税收，而且企业积极参与建设公益事业；同时社会也是企业存在和发展的基础，因为社会为企业提供了各种生产要素，为企业经营提供了包括法治在内的所有社会基础，为企业提供了赖以存在的市场支撑，因而企业与社会是共存和互动的关系。企业与社会的共存和互动是建立在诚信基础上的，因而企业要对社会诚信，社会也要对企业诚信，这种诚信已经在40多年的企业改革中逐渐形成。我们在这方面付出了巨大的努力，也取得了巨大的成就。

4. 企业与宏观经济的关系

任何企业的经营都是在一定的宏观经济条件下进行的，因而企业在经营过程中必然受到宏观经济运行过程的影响和制约，这就要求企业必须分析和把握宏观经济运行状况，并据此调整自身的经营活动。当然，企业的经营活动也会影响宏观经济运行状况，政府需要了解和把握企业的经营动向，并据此调整宏观调控的力度和方向。企业与宏观经济的关系实际上是建立在企业与政府相互博弈的基础上的，也就是它们之间相互预期，各自形成了合理预期，从而实现相互制衡。在中国企业改革中，企业已经逐渐形成了对宏观经济流量、宏观经济政策的分析能力，尤其是已经开始形成了与政府进行合理预期的能力，并逐渐形成了相应的体制和机制，这也是企业在改革中逐渐成熟的标志。

5. 企业与产业的关系

企业是产业的构成实体，产业是企业的经营对象，因而产业与企业之间是相互依存和相互选择的关系。企业对产业的选择涉及市场机遇、比较优势、制度机遇、结构机遇等问题，产业对企业的选择涉及进入门槛、准入条件、环境要求、理念认同等问题。我国企业经过改革，已经在产业选择上逐渐形成了较为成熟的选择体制。当然，产业对企业也形成了良好的选择制度，企业与产业已进入良性的循环状态。正因为如此，我国现在的产业结构调整，已经不像改革开放初期那样容易造成经济的大起大落了，而是开始逐渐有序化和平滑化。

6. 企业与社区的关系

企业总是存在于一定的空间之中的，因而社区与企业的关系，是企业社会定位问题的重要内容。企业对社区有巨大贡献，如财富贡献和无形资产贡献等，同时社区对企业也有巨大贡献，如区位贡献和要素贡献等。因此，企业与社区之间实际上是相互依存和相互选择的关系。从我国的改革实践来看，企业对社区的选择表现为区位选择、市场选择、要素选择、体制选择等，社区对企业的选择表现为贡献选择、无形资产选择、环境状况选择、比较优势选择等。可以说，经过企业改革，我国企业与社区已逐渐形成了双赢的选择关系，要素能够顺利地在社区之间进行流动，因而企业的比较优势与社区的比较优势实现了最佳组合，企业与社区开始形成良好的互动关系。

7. 企业与环境的关系

企业与环境之间是相互依存和相互影响的关系，因而企业必须处理和界定好自身发展与环境的关系。从我国企业改革实践来看，在企业与环境相互关系问题上，有四个要点必须强调：

一是企业与环境的协调发展需要企业自身的努力，例如企业要从资源高消耗型的粗放式经营方式向节约型的集约化经营方式转变，要从环境高污染的粗放式经营方式向清洁型的集约化经营方式转变，等等。

二是企业与环境的协调发展需要良好的治污体制，其中涉及治理主体、治理模式、治理成本如何支付等问题。

三是企业与环境的协调发展需要环保产业的大力发展，包括大力发展以治污为经营目标的环保企业、大力发展环保设备制造业、推动环保技术创新、加大对环保产业的利益和金融政策的支持等。

四是企业与环境的协调发展需要社会和政府的大力推动，包括大力推进环境准入制度建设、努力完善环境监督和监管体系等。

五 企业哲学问题

哲学是每个人都具有的世界观和方法论，企业家在经营活动中必然受制于自身的世界观和方法论，受制于自身的精神世界，这就决定了企业哲学是涉及企业前途与命运的生死攸关的根本性问题。我国企业改革的40多年，也是我国企业哲学不断变革和提升的40多年，有的企业家因为哲学思考的偏差而在经营中失败，有的企业家则因为有良好的哲学倾向而使企业成长壮大。这种经验和教训，使中国企业逐渐形成了一套自身的企业哲学体系，包括立身哲学、经营哲学、生存哲学、危机哲学、用人哲学等。从其内容构成划分上，可以划分为：

1. 立身哲学

立身哲学是企业哲学最为重要的组成部分，它甚至决定着经营哲学和用人哲学，因而企业家的立身哲学如果出现了偏差，企业就很难正常运行。从我国企业改革的40多年实践来看，立身哲学的主要内容包括：

一要正确对待财富。企业家作为拥有财富和运作财富的人，必须要正确对待财富，包括拥有财富而不能无视法律，拥有财富而不能无视人权，拥有财富而不能无视学习，拥有财富而不能无视使命，拥有财富而不能无视公德，拥有财富而不能无视责任，要真正做到是人支配财富，而不是财富支配人。

二要正确对待诱惑。因为企业家整天和财富打交道，实际上每天都面对着各种诱惑，所以一定要能正确对待各种诱惑，包括正确对待利益的诱惑、政治的诱惑、名誉的诱惑、权力的诱惑等，要能抵抗诱惑，保持头脑清醒，不能因为自己抵抗不了诱惑而使企业误入经营的歧途。

三要正确对待自己。因为企业家的特殊地位决定了企业家经常处于被赞扬甚至被吹捧的氛围中，所以企业家一定要正确对待赞扬和抵制吹捧，正确看待自己，包括正确看待自己的经营能力、创新能力和心理承受能力等，如果自己确实已跟不上时代的节奏，不能维系企业的发展，就要自觉地让贤。

四要正确对待选择。既然选择了经营企业，就要有吃苦受累和终生辛劳的心理准备，把勤奋和拼搏作为自己的精神基础，因为创办和经营企业并不是意味着享受，而是意味着艰辛和奉献，意味着终生要吃苦耐劳。

五要正确对待经营环境。要在经营的逆境中守住法律和道德底线，加强企业自身的内功训练，辩证地适应经营环境，不能因为经营环境不好而放弃自身的做人准则，更不能以违法和丧失道德操守的行为来换取经营利益。要坚持守住做人的基本准则。

2. 差别哲学

差别哲学属于经营哲学的内容，重点是强调企业要依靠自身不同于其他企业的比较优势即差别，而获得经营优势和竞争力，其中包括：

第一，价格差别，即与同质的产品相比，具有价格竞争优势。

第二，产品差别，即在产品质量、效用、品牌等方面优于同类产品。

第三，服务差别，即在服务形式、服务水平、服务内容、服务方法、服务费用等方面具有不同于别的企业的竞争优势。

第四，成本差别，即在成本上比别的产品成本低，成本低使企业更具有竞争力。

第五，技术差别，包括技术水平差别、技术路线差别等，在技术上比同类产品更具有竞争力。

实际上，企业之间的竞争就是差别的竞争，因而差别哲学是企业取胜的重要经营思想，那些具有创造差别能力的企业，就是竞争力最强的企业。

3. 资源哲学

资源哲学属于经营哲学的内容。众所周知，企业是靠资源配置来获取自身经营利益的，因而企业自主创新能力形成的重要标志，是企业在资源问题上拥有强大的比较优势，例如有的企业在资源创造上有比较优势，有的企业在资源组合上有比较优势，等等。企业正是依靠这些资源优势而获得生存和发展的，所以企业经营哲学的一个重要内容，是有关资源的哲学思想，其重点是强调企业通过对资源的运作而在经营中形成和提升自主创新能力。从我国40多年企业改革的经验与教训来看，其内容包括：一是创造资源，二是控制资源，三是使用资源，四是配置资源，五是组合资源。

4. 共赢哲学

共赢哲学属于经营哲学的内容，它是企业在经营和发展中处理自己同利益相关者相互关系的一种哲学观念，其要点是：虽然企业在自身的经营和发展中要将自身的利益和价值取向作为出发点，但是企业绝不能因此而忽视利益相关者的利益和价值取向，企业要尊重利益相关者的利益和价值取向，协调好自身利益和价值取向与利益相关者的利益和价值取向的关系，从而在经营上实现自身与利益相关者共赢。

从我国企业40多年的改革来看，共赢哲学的主要内容包括：一是与要素价值的共赢，二是与社会价值的共赢，三是与客户价值的共赢，四是与竞争者价值的共赢，五是与发展价值的共赢。

5. 生存哲学

生存哲学是关于企业能否可持续发展的哲学思想。在我国企业改革中，我们经常看到有些企业在快速发展之后突然衰落甚至消亡，为什么这些企业突然壮大而又突然消亡？背后的原因是多方面的，但在哲学思想上是没有处理好生存与发展的关系，这是根本性的原因。也就是说，主要是在企业发展的指导思想上出现了偏差，因而任何一个企业想要能够实现快速增长与可持续发展的最佳组合，就必须要把握好生存哲学。生存哲学涉及三大内容：

一是企业的发展速度不能超越企业所能承受的极限。因为企业发展需要资金的积累、市场的积累、技术的积累、经营经验的积累、管理能力的积累、管理团队的积累、企业文化的积累、品牌的积累、员工的积累、社会关系的积累等，企业的发展一旦过度地超越这些积累，就会导致企业衰落和消亡。

二是企业必须要有良好的生存基础。其中包括生存的制度基础、战略基础、文化基础、社会基础等，如果企业发展超过了其生存基础的承受能力，企业就会消亡。

三是企业自身不能破坏自身的生存条件。从我国的实践来看，企业破坏自身生存条件有两种情况：一种是由保守性的哲学思想引起的，即有些企业不能随着实践的发展要求而调整自身，从而被发展着的实践抛弃；另一种是由盲动性的哲学思想引起的，即有些企业盲目追求根本不可能实现的目标，完全超越了现实的可能，最后被实践抛弃。这两种情况都表明，生存哲学要求企业必须要处理好自身发展与实践的相互关系。

6. 危机哲学

危机哲学是企业关于选择风险、管理风险、防范风险的哲学思想。其主要内容包括：

一要具有强烈的反危机意识。企业实际上随时随地都处于危机的包围之中，存在危机是必然的，没有危机才是偶然的，因而要经常注重反危机。

二要具有强大的阻止危机产生的能力。例如能从易于引发危机的自我冲动上约束自身，能从易于引发危机的发展战略上约束自身，能从易于引发危机的外部关系上约束自身，等等。

三要构建灵敏的危机预警系统。能随时随地有效地发现危机，并将危机信息迅速地传达给企业管理层。

四要形成强大的反危机力量。包括资金力量、体制力量、团队力量、员工力量、技术力量和舆论力量等。

五要构建危机防火墙。能有效地将危机隔离在它所发生的空间内，防止危机扩散。

六要注重反危机的社会力量。在反危机中能够及时获得来自社会各个方面的支持。

七要正确对待危机。能够迅速而如实地向利益相关者反映危机状况，并在反危机中将公众利益放在第一位，等等。

八要避免危机损失扩大。将危机损失控制在最小范围内。

九要迅速化解危机。能够以最快的速度抑制住危机。

十要变危机为动力。企业不能因为有危机而害怕危机，而应该在反危机中通过总结经验教训和锻炼队伍提升自身，并通过反危机寻找新的发展机会，从而将危机作为自身发展历程上的一个新起点。

7. 用人哲学

用人哲学是企业在用人方面的哲学思想。企业运作实际上是人对物的控制和运用，因而要控制和运作好企业，就必须要控制和运作好人。从这点上讲，企业的经营活动实际上最终表现为对人的运作，这就要求企业必须要有一套良好的用人哲学。在我国企业改革的40多年实践中，我国企业逐渐形成了一套用人哲学，其主要内容有二：

一是把握好用人哲学的最基本原则，其要点是从人性出发，认识人性的五大基本特征：人都是有人权的，人都是有七情六欲的，人都是优缺点并存的，人都是不断寻找更好机会的，人都是处于动态中的。根据人性的这些特征，企业在用人中必须以尊重人性为出发点来制定相关原则，从而实现对人的控制和运作。

二是运用好用人哲学中的辩证法，在这方面，不少企业都有自身独特的创新，形成了一套有效的用人辩证方法。例如，良心有限与制度无限的组合，个人能力有限与团队能力无限的组合，需求差异与满足差异的组合，顺耳之害与逆耳之利的组合，诚信有限与契约无限的组合，用之长与控之短的组合，岗位需要至上与员工能力至上的组合，商业规则与亲友之情的组合，大者之气与敬小慎微的组合，创业元老之功与竞争新秀之能的组合，坚守原则与随机应变的组合。

伍

我为中国改革开放鼓与呼

经济学工作者实际上分为四类：第一类，在政府工作的经济学工作者，这类人主要为各级党政机关的决策及政策解释服务，当然，他们中的一些人最后成了各级党政机关的负责人，属于从政之列，实际上已不属于经济学工作者这个范畴了；第二类，在企业中工作的经济学工作者，例如企业的首席经济学家，这些人主要为企业的经营决策及战略选择服务，属于最“接地气”的活跃于经济实践最前沿的经济学工作者；第三类，在相对独立的研究机构工作的经济学工作者，像中国社科院，虽然这些研究机构也办了一些研究生院，招收学生，这类经济学工作者也有一些教学活动，但他们最主要的工作还是为各级党政机关的决策提供研究与咨询服务；第四类，在高校工作的经济学工作者，虽然这些人也要从事经济学的研究工作，例如职称评定主要看研究成果，但他们的主要工作是经济学教学，工作的主要平台是课堂，因而是典型的“教书匠”，人称“口力劳动者”。

我属于第四类经济学工作者，是典型的“教书匠”“口力劳动者”，参加工作至今，我一直活跃在经济学教学的第一线。回顾我的“教书匠”生涯，似乎没有像政治家及企业家的回忆录那样，给人以跌宕起伏、宏伟人生的感觉，尤其是没有权力或金钱这些吸引眼球的因素，无非是给谁上了课、上了什么课之类的再平常不过的话题，因而好像是没有什么好讲的平淡人生，但事实并非如此。几十年能够始终如一地站在课堂上为学生授课，并能够获得学生的满意评价，并不是一件容易的事，是以辛劳与不断探索为基础的。尤其是对我国改革开放以来的这个历史时期的经济学教学来说，更不容易，因为我国的经济实践及经济理论在改革开放以来，一直处于非常剧烈且快速变革的时代，要在教学中跟上这样的时代，实在不易。授课者需要不断地根据变革调整和充实自己的教学内容，一旦跟不上改革开放的新变化，就无法回答现实中的新情况和新变化。最为痛苦的是，有时经济实践会对自己已有的认识发起颠覆性的冲击，这就要求授课者要在不断进行自我否定中提升自己，这是需要付出极其艰辛的劳动和代价的。因此，中国改革开放以来的经济学教学，并不是照本宣科或当“传声筒”，而是以授课者的自身艰辛研究为基础的。你如果想要在教学中能较为科学地解释新的经济现象和经济实践，就必须付出艰辛的劳动。有人在形容艺人时，说他们是“台上一分钟，台下十年功”，经济学教学者何尝不是如此呢？

改革开放以来，中国经济学教学的思想体系和实践这两个方面不断受到冲击和挑战。从思想体系上讲，首先在20世纪80年代初受到当时东欧经济学家的影响，如匈牙利经济学家科尔奈等人的著作流入中国，使中国经济学界在经济范畴及思维方式上发生了重大变化，经济学教学也随之变化。后来在20世纪90年代初又受到当代西方经济学的影响，如货币主义和新自由主义的经济范畴与分析方法，尤其是2000年后，大量西方的宏观经济学、微观经济学等成套教材进入中国，使经济学教学内容发生了重大变化。当然，对中国经济学教学影响更大的，是中国的经济实践，从农村的家庭联产承包制、国有企业改革、民营经济发展、产权制度改革、收入分配体制改革等，到市场经济制度的确定和宏观经济体制的变革，都一浪接着一浪地冲击着经济学教学，要求经济学教学体系不断发生根本性变革。

我的教学生涯一直是在为改革开放鼓与呼。经济学教学变革的核心内容，是不断冲破传统社会主义经济理论的束缚。具体表现在下述几个方面：

第一，传统社会主义经济理论强调以阶级斗争为纲，忽视经济建设和生产力发展的要求，淡漠人文关怀和民众的个性发展，盲目地追求所谓的生产关系和上层建筑上的“继续革命”，严重地阻碍了我国经济的发展和社会的进步。我们在改革开放之初就坚定地抛弃了这套“左”的理论，提出以经济建设为中心，把以提高人民生活水平为内容的人本主义作为出发点，并且以有利于生产力发展为标准，强调“发展才是硬道理”，尤其是随着改革的深入和经济的发展，逐渐将科学发展、可持续发展、和谐发展的观念不断注入发展之中，从而极大地推动了我国经济的繁荣和社会的进步。从以阶级斗争为纲转向以经济建设为中心，既是中国改革开放真正开始的标志，也是我们开始冲破传统社会主义经济理论束缚的起点。

第二，传统社会主义经济理论在财产制度上把公有制经济作为社会主义经济的追求目标，认为非公有制经济就是社会主义经济的对立物，并试图在中国消灭所有的非公有制经济，甚至在“文化大革命”后期连农民养的鸡鸭都要被当作“资本主义尾巴”割掉，因而极大地破坏了生产力的发展，把中国经济推到了崩溃的边缘。我们从改革开放一开始就冲破了这种理论桎梏，承认非公有制经济的作用，并不断深化对非公有制经济的认识，从认为非公有制经济是社会主义经济的“必要补充”到认为非公有制经济是社会主义市场经济的“重要组成部分”，后来发展到要对非公有制经济实行完整的国民待遇，强调要使非公有制经济在法律上和竞争上同公有制经济具有平等的市场地位，从而形成了非公有制经济与公有制经济相互补充、相互竞争、相互融合、相互兼并重组的格局，最终推动了混合经济体制的形成和快速发展。突破传统社会主义经济理论只将公有制经济作为社会主义经济的本质特征的“教条”，是我们思想解放取得的巨大成就，正由于此，我们才有效地深化了所有制体制的改革，形成了新的财产制度。

第三，传统社会主义经济理论认为只有国有经济才是社会主义的基础和本质特征，因而将不断地人为拔高公有程度作为发展社会主义经济的出发点，搞所谓的“穷过渡”，试图在我国全面地建立完全以国有经济为主体的财产制度。我们在改革开放中逐渐抛弃了这套理论，大力推动了对传统国有经济体制的改革，其中主要包括：一是调整国有经济的战略布局，对那些不涉及国民经济命脉和国家经济安全的国有经济实行非国有化改革，对那些涉及国民经济命脉和国家经济安全的国有经济实行股份化改革；二是改革国有资产管理体制，最大限度地减少政府对国有经济的行政干预，建立充满活力的国有资产管理体制；三是改革国有企业，按照现代企业制度的要求重塑国有企业体制，使国有企业完全实现公司化股份制改制。在对国有经济的改革中，我们逐渐悟出了一个重要的思想，那就是：国家调控经济和保障公众利益的最基本手段，已不再是国家通过国有制所拥有的财产权，而是国家通过政权制度所拥有的一般公共权，因而国家要将重点放在对经济的宏观调控上，平等地对待所有经济成分，公平地维系经济运行。这种思想对于国有经济改革和现代宏观经济体制的建立，有着无法估量的作用。

第四，传统社会主义经济理论在资源配置方式上将计划经济作为社会主义经济的一个本质特征，而将市场经济作为社会主义计划经济的“对立物”，认为市场经济就是资本主义经济，因而把彻底消灭市场经济作为传统社会主义经济体制的重要目标，其结果是既使我国经济丧失了应有的活力，又使我国经济长期难以保持结构协调。改革开放后，我们先是逐渐认可了商品经济，认可了市场机制的作用，后来在1992年认可了市场经济，并将市场经济改革作为经济体制改革的基础性内容，强调要按照市场在资源配置中起决定性作用的要求而全面改革整个经济体制，形成全面反映市场经济内在要求的现代市场经济体制。据此，中共十四届三中全会和十六届三中全会分别通过了《中共中央关于建立社会主义市场经济体制若干问题的决定》《中共中央关于完善社会主义市场经济体制若干问题的决定》，中共十八届三中全会通过的《中共中央关于全面深化改革若干重大问题的决定》提出要让市场在资源配置中起决定性作用，全面地推进了市场经济体制的形成，并提出要在2020年彻底建立完善的现代市场经济体制。可以说，市场化改革是中国经济体制改革的一条主线，也是我们对传统社会主义经济理论最重大的突破。

第五，传统社会主义经济理论在收入分配体制上不承认除了劳动之外的各种生产要素在社会财富创造中的作用，认为劳动是创造社会财富的唯一要素，因而强调按劳分配而排斥按资本贡献分配，甚至到“文化大革命”时期，连按劳分配也被戴上了反映资产阶级法权的帽子，提出要限制资产阶级法权，即限制按劳分配。改革开放后我们彻底放弃了传统社会主义理论关于收入分配体制的设想，提出按要素贡献分配的原则，强调既要坚持按劳分配，也要按资本贡献分配，而且各种生产要素参与收入分配的准则是各自的效率，谁的效率高，谁的收入就高，效率原则充分发挥着分配收入的作用。当然，这种效率原则还要同公平原则相结合，因而我们在经济体制改革中逐步建立了初次分配、再分配和第三次分配的收入分配体制，使整个收入分配过程既体现了效率，又反映了公平，实现了效率与公平的有效结合。

第六，传统社会主义经济理论认为任何个人都不能拥有财产，所有财产都归国家所有或集体所有，作为无产者的个人只能通过自身的劳动而获得仅供自身消费的消费性收入，从而形成了国家拥有财产而个人只有劳动的所谓社会主义经济体制。这种经济体制的巨大弊端已在实践中为人们所共识，所以我们在改革开放中不断注重推动人们的财富积累，提出贫穷不是社会主义的本质，强调合法财富的增加实际上也是一种光荣，并将个体私营经济的所有者称为社会主义经济的建设者。尤其是我们不仅在思想上尊重个人财富，而且在法律上尊重个人财富，修改了宪法并实行了《中华人民共和国物权法》，在整个法律体系上强调个人财产与公有财产一样不能侵犯。在尊重和保护私人财产的同时，我们还在改革开放中非常注重不断推动个人财富的增加，例如党的十七大政治报告提出要创造条件，有效增加人们的财产性收入，提高财产性收入在个人收入中的比例，也就是在劳动性收入与财产性收入的关系上，我们将更加关注人们的财产性收入。财产性收入既包括动产收入，也包括不动产收入，因而我们要大力发展和完善与动产收入相关的资本市场，大力发展和完善与不动产收入相关的房地产市场。国家拥有财产而个人只有劳动的经济体制实际上是很难有活力的，因而我们要通过股份经济等方式让公众普遍地拥有财产及收入，当每个人既有劳动性收入，又有财产性收入的时候，我们才能彻底消除资本与劳动的对立，从而形成和谐社会。

第七，传统社会主义经济理论既过分强调了私人财产的利己性，又过分夸大了私人财产的排他性，不承认甚至要彻底消灭私人财产，导致我国传统社会主义经济体制下只存在有职业差别的社会群体，而没有财产性差别的社会群体。这种状况随着我国改革开放的不断深化和国民经济的不断发展而被彻底改变，我国形成了以财富性差别为特征的不同社会群体。如何面对这种状况？根据传统社会主义经济理论，这些因为财产性差别而形成的不同社会群体，当然只能是敌对的，因而我们必然是要“打富济贫”。但是我们并没有拘囿于传统社会主义经济理论的这种认识，而是提出了要承认和尊重各种社会群体的应有权益，并在此基础上有效协调他们之间相互关系的和谐社会理论，强调不同社会群体之间既有和谐的必然性，又有和谐的可能性，因而完全可以实现有效的和谐。尤其值得称道的是，我们依据“三个代表”的思想提出我们党要代表各个社会群体的应有利益，并且修改了党章，不再以个人财富的拥有量而判断人的政治觉悟和思想品德，这就使得非公有制经济中的优秀分子也可以加入中国共产党。所有这些都表明，我们的目标是要建立承认各种社会群体权益并有效协调他们之间相互关系的和谐社会，这是对传统社会主义经济理论的重大突破。

第八，传统社会主义经济理论夸大了市场调节的所谓“破坏力”，也夸大了个人及企业的“自私自利倾向”，似乎只有代表公众利益的政府是正确的，因而一直将政府对经济的直接控制作为出发点，政府不仅控制了企业生产什么、生产多少和怎么生产，而且通过票证手段控制了民众的消费行为，从而形成了既缺乏活力，又无法保持经济结构协调的行政性国民经济计划管理体制。在改革开放后的较长一段时间里，我们一直将我国国民经济管理称为国民经济计划管理，甚至连宏观经济调控这样的概念都不能提，这在高校的招生目录和课程名目上都充分地反映了出来。不过，随着市场经济和现代产权制度的改革，这种行政性国民经济管理体制开始被逐渐打破，现代宏观经济体制得以逐步形成。现代宏观经济体制的建立，引发了包括金融体制与财政体制在内的政府体制的改革。金融体制改革的特点是央行、商业银行、金融监管机构的“三分开”，中央银行作为货币政策的操作主体从金融体制中独立出来，金融监管机构作为专门监管机构而对金融经营活动发挥监管职能，商业银行则彻底走向企业化，而且实现了公司化股份制改革。财政体制改革的重点是从原有的生产经营性财政体制转向公共性财政体制，也就是国家财政不再以创办企业和经营企业为中心，而是以向社会提供公共产品为中心，发挥自身应有的宏观调控功能。

第九，传统社会主义经济理论违背生产力的内在要求，过分夸大所谓生产关系对生产力的反作用，不仅在农村推行以盲目拔高公有程度为特点的所谓生产关系变革，而且以户籍制度为手段而割断了城乡经济之间应有的互动关系，严重阻滞了农业生产要素在城乡之间的有效流动，例如不允许农民进城经商和务工，更不允许农民投资创办工商企业，甚至将农民务工和经商当作不务正业的破坏农业生产的活动进行打击，因而使农村经济和农业生产长期处于停滞不前的状态中，甚至连农民的温饱问题都难以解决。在改革开放一开始，我们就尊重农民的首创精神，不仅在农村大力推动农业生产经营责任制，充分调动农民的积极性，而且放开了农村生产要素在城乡之间的流动，允许农民从事工商业，例如创办乡镇企业，并允许农民进城务工经商，使大量农民工进城，从而推动了新型的城市化和工业化的进程。尤其是随着国民经济的进一步发展和改革的深化，我们提出了城乡一体化的目标，认为应该推进城乡民生体系一体化、城乡土地制度一体化、城乡户籍制度一体化，并同时强调让工业反哺农业，城市反哺农村，并以各种方式不断推动了户籍制度及社会保障体制等方面的改革，力争从体制上推进城乡一体化进程，实现农村与城市、农业与工业的共同进步和发展。

第十，传统社会主义经济理论将包括国际经济关系在内的所有的经济关系都阶级化和阶级斗争化，而且曲解了独立自主与自力更生的精神实质，忽视全球分工协作的世界经济一体化的大趋势，割断了我国经济与世界经济的应有联系，使我国经济自我封闭几十年，严重影响了我国国民经济的发展。改革开放后我们抛弃了在对外经济关系上的“左”的教条，开始使我国经济不断融入国际经济之中，不仅使我国国际贸易不断增长，成为国际贸易大国，而且使外资不断地进入我国，从而使我国成为世界上利用外资最多的国家之一，尤其是我们加入WTO，自觉推动中国与世界的一体化进程。在对外开放的进程中，我们首先实行的是充分利用国内资源，争夺和占领国际市场的战略，例如将扩大出口和吸引外资作为主要目标，但是随着我国经济的发展和我国对外开放实际情况的需要，我们调整了这种战略，实行了整合国际资源，开发国内市场的战略，强调有选择地出口和吸引外资，要着力提高我国国际贸易和利用外资的先进水平，而且提出中国资本必须“走出去”，在更高水平上融入国际经济之中。也就是既强调出口，又注重进口；既强调吸引外资，又注重中国资本“走出去”，形成与世界的深度融合。实际上，改革开放的几十年，就是我国经济不断以新形式和新水平融入国际经济的时期。

上述的经济学教学变革，我都经历过。回顾从事经济学教学的几十年，除了同大部分“教书匠”有共同的经历与感悟外，还有一件事值得专门一叙：社会讲学，在整个社会中为改革开放鼓与呼。

在社会上讲学这种社会活动，不同于别的教学及学术活动，这种讲学活动的最基本规则是市场价值规则，相当于影视圈的票房价值规则。也就是说，听讲者要获得自己所需求的有价值的东西，听讲者需要新思想、新信息、新思维，需要那些能提升自己和有助于自己工作的启迪性思维与观念，加之这种听讲者都是要通过各种方式支付费用来听讲座，有的是自己支付，有的是单位支付，有的是亲朋好友支付，既然听讲者要花费金钱和时间来参加讲座，那么听讲者就要获得相应的有价值的收获，试想，谁愿意花钱花时间去听那些无用的讲学？因此，这就要求讲学者必须要有良好的理论修养和较高的学术水平，以及高超的演讲能力，当然还要有敏锐的观察能力和很强的创新能力，能将新动向、新思维、新信息及新的实践经验融会于讲学之中，紧跟时代的步伐。面对几百名甚至几千名听众，演讲者要获得听众的会心笑声和热烈掌声，是非常不容易的。这几十年来，我之所以能活跃在这个领域，能获得听讲者的会心笑声和热烈掌声，能频繁被邀请，就是因为紧跟时代并努力提升自己，使自己在思想观点、信息、思维方式及经济实践的剧烈变化中，跟上时代的需求。因此，演讲是以自己背后非常艰辛的研究为积淀的。我的原则是，一旦自己不能给听讲者提供应有的内容，无法满足听讲者的需求，就自我淘汰，离开这个领域。

在社会上讲学是既费脑，又费体力的事，我这几十年在社会上的讲学，可以用“辛苦奔波”四个字来形容。虽然中国航空事业的发展为我们在全国各地讲学提供了方便，但坐飞机实际上很消耗体力，尤其是因为各种因素飞机不能按时起飞甚至航班被取消，会严重干扰自己的行程，会让人焦虑与不安、心情烦躁。全国几乎没有我没去过的机场，一旦遇到飞机不准点时，我就孤独地徘徊在机场中。我基本上跑遍了中国的大中城市，也跑了不少县城，但我几乎没有去看过当地的名胜古迹，行程基本上是三点一线：机场、会场、宾馆。经常是上午讲学，下午走，下午讲学，晚上走，坐夜班飞机是常事，晚上十一二点甚至凌晨三四点到达一个城市也是常有的事。只有在演讲中听到听众的笑声及掌声时，我才感到累得有价值。在有些人看来，这种“走穴”式的讲学是为了赚钱，这确实误解了我。我并不是为了赚钱，更不想这么忙碌，而是邀请单位的不断邀请，而且经常通过我的朋友找我，我如果不去就会令他们失望。对我来说，这种活动越少越好，尤其是年龄大了之后，我更想安静一些。

社会讲学的内容基本上以中国的改革开放为主线，都是与中国的改革开放相关，围绕不同时期的中国改革开放的热点或难点问题而展开的，因而其特点是为改革开放鼓与呼。我在前文讲过，经济学家表达自己的思想主要靠两种方式：一个是写，例如发表论文和论著；另一个是讲，例如在研讨会和报告会上发表演讲。我当然也不例外。不过，因为我的文笔一般，但口才还不错，所以我喜欢用讲这种方式来表达自己的思想。在改革开放的几十年中，我也不知道自己究竟参加了多少次的研讨会和报告会，而且我是逢会必讲，喜欢讲。我在研讨会与报告会上一般都不用讲稿，有时最多只有一个简单的提纲，而且基本上讲完之后就将提纲随手扔了，所以我并没有留下自己在研究会和报告会上讲话的任何文字材料，现在回想起来确实有些遗憾。

但是，有些研讨会和报告会的组织者，却非常细心，专门录了音，而且还根据录音整理出了文字稿，这些文字稿有的送给了我，帮助我留下了一些在研讨会和报告会上讲话的文字材料。有些出版社对这些讲话录音整理稿很有兴趣，所以就拿去出版了一些我的演讲集，前后共出版了七本：

第一本是1997年7月经济科学出版社出版的《为改革声辩》，收录了我1992年初至1996年在有关研讨会和报告会上的讲话录音整理稿，涉及当时改革中的有关理论问题与实践中的热点问题。

第二本是新疆青少年出版社于1998年初出版的《谋划资产——魏杰西部地区巡回演讲录》，收录了我1996年至1998年在中国西部部分省市的有关讲话录音整理稿，主要涉及有关西部开发的问题及资产重组的问题等。

第三本是1999年6月广东经济出版社出版的《中国经济的盛世忠言——魏杰演讲录》，收录了我1993年至1999年在有关研讨会和报告会上的讲话录音整理稿，主要涉及有关宏观经济及企业改制与发展等方面的问题。

第四本是中国经济出版社在2000年1月出版的《中国企业二次创业》，收录了我1999年至2000年在有关研讨会和报告会上的讲话录音整理搞，主要涉及中国企业在新形势下的再次创新及改制等方面的问题。

第五本是中国经济出版社于2000年10月出版的《新经济与企业裂变》，收录了我1997年至2000年在考察有关企业时的讲话录音整理稿，主要涉及有关企业案例的评价问题及企业改制重组的相关问题。

第六本是中国经济出版社于2005年7月出版的《企业裂变》，收录了我2001年至2005年在有关研讨会和报告会上的讲话录音整理稿，主要涉及有关企业制度创新及战略创新等问题。

第七本是郑州大学出版社出版的《转型中国：难点与路径》，收录了我近些年关于工业化和城市化的有关讲话录音整理稿，涉及新型工业化和城市化及结构调整等问题。

当然，还有些讲话录音稿被收入别人主编的有关著作中，其中值得一提的有：广东经济出版社于1996年出版的《中国经济大裂变——京城“四才子”指点社会转型的新财路》，广东人民出版社于1999年出版的《新头脑风暴——中国少壮派经济学家演讲集》，中国时代经济出版社于2003年1月出版的《让梦腾飞——清华北大MBA讲坛》，中国经济出版社于2004年出版的《星星点点——中外名家系列讲座演讲集萃》，中国经济出版社于2009年3月出版的《长安论坛第三辑》，中国经济出版社于2011年1月出版的《长安论坛第五辑》，中国经济出版社于2011年2月出版的《中国长期经济增长与转型》，党建读物出版社于2012年5月出版的《干部选学大讲堂》，社会科学文献出版社于2012年9月出版的《华大讲堂2011》，中国经济出版社于2013年2月出版的《中国未来经济改革与发展路径》，等等。

最近在翻阅这些讲话录音整理稿时，我尝试统计了一下我为了参加研讨会和报告会到底去了哪些城市。我发现我走过了我国众多的城市，当然有的不止去过一两次，而是去过多次，像上海、广州这样的城市去过百余次。

统计我讲学的地方，首先当然要从我自1984年就开始生活与工作的北京市算起。北京是首都，因而讲学与研讨会分为两个层次：一个是有关中央机构的，以及各类中央金融机构和央企的；另一个是北京市的，包括北京市有关市级机关及各区县，例如包括未进行区域改革之前的东城、西城、崇文、宣武、朝阳、海淀、大兴、通州、延庆、密云、怀柔、石景山、房山、丰台、平谷等区县。

在改革开放的40多年中，中国的直辖市及省会城市和地级市，我几乎走遍了，尤其是经济较发达的江苏、浙江、山东、广东等省，我几乎走遍了所有的地级市，还去了不少的县级市。这倒不是因为我嫌贫爱富，主要是因为经济学家总是跟踪经济体制改革中的热点问题。一般来说，经济较发达地区的热点问题往往较多。因此，在上述这些地方参加研讨会和报告会，在会上基本上讲的都是经济体制改革中的热点问题。我曾为我的一本演讲集，即《为改革声辩》写了一个序言，这个序言能反映我在这些研讨会和报告会上的心声，现特引用如下，作为我在社会讲学中对中国经济改革的鼓与呼的表白：

我的这本文集之所以称为《为改革声辩》，是因为文集中所收入的东西，要么是我在有关研讨会上的讲话，要么是我在有关报告会上的演讲。这些东西从内容上讲，都是与改革有关的；从形式上讲，都是首先用口讲出来的，然后通过录音或录像而整理成文的，口讲即声辩也，所以用了《为改革声辩》这个书名。

经济学家同普通人一样，在交流思想中有两个最基本的工具，一个是口，一个是笔。人们通常讲的“口诛笔伐”，就是指人们在思想交锋中要综合使用这两个最基本的工具。著名经济学家萧灼基曾形象地称自己是“口力劳动者”，也就是指“口”是经济学家的一个重要工具。口和笔都很重要，因而这两个工具我都使用。尤其是“口”这个工具使用起来最为方便，成本也最低，所以我经常使用它。用它在不少研讨会上发言，用它在不少报告会上演讲。听的人觉得很有意义，就录了音，录了像，而且将这些录音或录像经过整理变成了文字。这些录音或录像的文字整理稿，有的被作为文章而发表，有的则被作为内部参考资料而传播。我非常感谢那些将我的口力劳动成果转化成为笔力劳动成果的人。但形成文字的发言稿或演讲稿，大部分都并未直接送我，都是我在偶然的机会发现或间接地得到的。久而久之，就有了不少这类文稿。闲来阅读时，我发现这类文稿中的思想“火花”不少。这类文稿都是在没有稿子的条件下顺口而讲的，然后由别人根据录音或录像整理的，并未经过我加工修饰，可能正是因为这样，这些文稿反而比较真实地反映了我的思想：写文字稿时，往往是千琢磨万考虑，写的过程中首先是要考虑到哪些话不能讲，哪些话要讲得圆滑些，总之是要将自己包装起来，因而写成的稿就往往是无棱无角的，甚至还会把真实想法埋藏起来；但顺口而讲就没有机会考虑了，往往不会顾虑太多，而是在环境与情绪的影响下，毫无修饰地脱口而出，真实思想一下子就涌了出来，因而“火花”往往会多一些。正是因为这样，我认为将这些东西出版出来会有一定的意义。再加之它是口语化的，又都是一些大白话，没有理论语言的修饰，因而非常适合大众阅读。

人们常说："病从口入，祸从口出。"这句话非常正确，尤其是祸从口出，我有深切的体会。我这个人不会包装自己，尤其爱讲一些真话，总觉得自己是为了中国经济的发展，为了中华民族的强盛，也不是为自己的任何利益，为什么不讲真话？结果是"祸从口出"。我总感到自己凭本事吃饭，不求助于人，而且自以为讲什么话都是为了国家的强盛，因而往往不注意处理各种关系，不注意讲话的方式，结果是常常遭到非议。在实践中我深深感到，在学术自由制度还并不健全的条件下，进行任何超前的理论创新，对于创新者来说，都是要付出代价的。这个代价就是创新者要遭到那些"左"派人物的批判，这种批判常常会影响到创新者的提职及晋升。但当实践证明创新者的理论是完全正确的，而且已变成国家政策时，并没有人去为创新者"平反"。1994年初我就提出，国有企业不仅要加快改革，而且还要注重租、变、卖、送，通过各种方式彻底放活中小企业。这个提法当时就被几个人扣上私有化的帽子而大加批判。但后来中小企业改革恰恰正是按照这个路子而放活中小企业的，而且实践也证明这个路子是切实可行的，并不是什么私有化，而是那几个批判的人将非国有化与私有化这两个不同的范畴混淆了。

1995年初，我在接受一位记者采访时，曾说了这样一段话："现在个体及私营经济在国民生产总值中贡献已很大，而且他们为社会创造了大量的就业机会及税收，他们也应该是我们国家经济发展的一个不可忽视的基础。"没有想到这段话引起了几位同志的极大“愤怒”，认为这就是鼓吹私有化，是赫鲁晓夫的全民国家的老调重弹。我想知道，当这几位同志看到那些在夏天的烈日下，在冬季的寒风中，整日辛勤劳作的小商小贩时，有何感想。我想，这些小商小贩恐怕不是不想进入政府部门或国有制大企业工作，而是政府部门或国有制大企业没有就业机会给他们，他们是在为自己创造就业机会，而不是依靠政府为他们安排就业，这实际上是在为政府分忧。如果认为这些人连国家的基础都不是，那么即使不从其他角度去讲，就是只从人的感情上讲，恐怕也属于无情无义之列。

总之，我们正处在一个变革的年代，这个时代需要我们用新的观念去看问题，切不可逆潮流而行。我将永远用革新的标准来要求自己！

附录

附录一

论著目录

1. 《价值学说史》，陕西人民出版社，1984年4月版，同他人合著

2. 《社会主义经济运行机制》，人民出版社，1986年10月版，同他人合著

3. 《市场结构与市场机制》，河北人民出版社，1987年4月版，同他人合著

4. 《社会主义宏观经济控制》，河北人民出版社，1987年9月版，专著

5. 《社会主义经济的运行、发展和调节》，陕西人民出版社，1987年11月版，同他人合著

6. 《大杠杆：宏观经济政策分析》，人民出版社，1988年10月版，专著

7. 《社会主义政治经济学》，中国青年出版社，1989年2月版，任主编之一

8. 《经济运行机制概论》，人民出版社，1989年3月版，同他人合著

9. 《中国宏观经济管理》，中国人民大学出版社，1989年9月版，任副主编

10. 《建立新的收入分配体制：从分配不公平走向公平分配》，东方出版社，1990年2月版，专著

11．《宏观经济政策学通论》，中国金融出版社，1990年10月版，专著

12．《失衡经济学导论》，中国人民大学出版社，1991年4月版，专著

13．《建立新的所有制体制：我国所有制体制的发展方向》，东方出版社，1991年2月版，专著

14．《中国经济的非均衡发展》，中国人民大学出版社，1992年12月版，任主编之一

15．《市场化的宏观调控体制》，陕西人民出版，1992年12月版，专著

16．《社会主义市场经济论》，中国青年出版社，1993年3月版，同他人合著

17．《社会主义市场经济通论》，中国人民大学出版社，1993年12月版，任主编

18．《股份经济通论》，中国金融出版社，1993年10月版，同他人合著

19．《中国经济体制的新选择——中国市场经济通论》，四川人民出版社，1994年1月版，同他人合著

20．《社会主义宏观经济分析》，中国人民大学出版社，1994年3月版，任主编

21．《社会主义市场经济：理论·制度·体制》，高等教育出版社，1994年12月版，任主编

22．《经济学》（上下册），高等教育出版社，1995年11月版，同他人合著

23．《居民储蓄分析》，经济科学出版社，1995年11月

版，同他人合著

24.《国有制经济的实践与改革——国有制企业改革的深层次思考》，河北人民出版社，1995年7月版，同他人合著

25.《现代金融制度通论》，高等教育出版社，1996年6月版，同他人合著

26.《中国经济改革的主线》，经济科学出版社，1997年8月版，任副主编

27.《为改革声辩》，经济科学出版社，1997年7月版，专著

28.《中国国有经济总论——历史沿变、改革历程、发展趋向》，经济科学出版社，1997年11月版，任副主编

29.《改制·重组·运营——十五大后的中国国有经济》，同心出版社，1998年2月版，任主编

30.《资本经营论纲》，上海远东出版社，1998年11月版，专著

31.《构建新的国有资产管理体制》，江苏人民出版社，1998年5月版，专著

32.《现代财政制度通论》，高等教育出版社，1998年4月版，任主编

33.《中国企业大趋势》，中国经济出版社，1999年1月版，同他人合著

34.《现代产权制度辨析》，首都经贸大学出版社，2000年2月版，专著

35.《如何启动中国经济——调节总需求的政策建

议》，中国经济出版社，2000年1月版，同他人合著

36．《新经济与企业裂变》，中国经济出版社，2000年10月版，专著

37．《中国企业二次创业》，中国经济出版社，2000年1月版，专著

38．《企业前沿问题——现代企业管理方案》，中国发展出版社，2001年6月版，专著

39．《市场经济前沿问题——现代经济运行方式》，中国发展出版社，2001年7月版，专著

40．《企业制度安排——企业存亡诊断书》，中国发展出版社，2002年4月版，专著

41．《企业战略选择——企业发展航标图》，中国发展出版社，2002年6月版，专著

42．《企业文化塑造——企业生命常青藤》，中国发展出版社，2002年7月版，专著

43．《解码财富方程——企业、政府及公众的新选择》，中国发展出版社，2003年6月版，专著

44．《驱动财富进程——企业、政府及公众的新机遇》，中国发展出版社，2003年6月版，专著

45．《产品背后的竞争——企业七大关系》，中国发展出版社，2004年8月版，专著

46．《企业哲学——成功管理者的七维视野》，中国发展出版社，2005年1月版，专著

47．《企业突围——从中国制造到中国创造》，中国发展出版社，2005年8月版，专著

48.《中国企业制度创新》，中国发展出版社，2006年1月版，专著

49.《中国企业战略创新》，中国发展出版社，2006年4月版，专著

50.《中国企业文化创新》，中国发展出版社，2006年6月版，专著

51.《动摇不得——中国经济改革若干问题》，中国发展出版社，2007年1月版，专著

52.《亲历改革：1978—2008中国经济发展回顾》，中国发展出版社，2008年4月版，专著

53.《崛起中的磨合：中国现实经济问题》，中国发展出版社，2008年1月版，专著

54.《中国经济之变局》，中国发展出版社，2009年4月版，专著

55.《中国经济转型》，中国发展出版社，2011年5月版，专著

56.《走进深水区的中国经济》，中国发展出版社，2014年3月版，专著

57.《“十三五”与中国经济新常态》，企业管理出版社，2016年5月版，专著

附录二

必须构建新的国有资产管理体制

（《新华文摘》2003年第3期）

摘要：拥有国有资产是为了维护社会稳定和经济发展，而不是其他。国有资产的控制力和保值增值都是实现其目标的手段之一。国有资产具有多种形态，可以借助不同形态的转换实现社会转型和经济发展目标。三个层级的国有资产管理模式是一种比较恰当的方式。应当组建和利用国有资产经营公司，对国有资产进行集中运营。

关键词：国有资产；国有资产形态；国有资产经营公司

一　国有资产的目标

自1978年以来，国有企业改革就已成为我国经济体制改革的核心内容之一，对此，我们似乎未曾动摇。但是无论从理论还是实践上看，国有企业的改革都未取得令人满意的效果。从理论上来看，尽管人们对于国有资产（注意：在这里混用了国有企业和国有资产两个概念，仅仅是为了不割断历史。其实二者的范畴是不同的，在下一部分将进行区分）的认识取得了不断的突破，尽管人们对于国有资产管理体制改革提出了种种观点，出现了百家争鸣的局面，但从目前来看还没有一种方案被广泛认同，仍处在争论之中。从实践上来看，尽管我们对国有企业进行了一系列的改革，从“放权让利”到“利改税”，到承包制，到建立现代企业制度，国有企业的效益仍在不断地下滑，总资产和净资产的回报率逐年下降直至趋于零，相当多的国有企业陷入破产的危机之中。从1998年始的“国企三年脱困”取得了阶段性的成果，但成果的取得具有暂时性、局部性和政策性，并未解决国有企业的深层次矛盾，也没有从根本上扭转国有企业的颓势。

长期以来，我们将提高国有企业效益作为国有资产管理体制改革的主要目标，在此目标之下我们尝试了一切可以尝试的办法，但问题仍未得到解决，而且在我们可以预见到的未来仍然没有明显改善的希望，那么只能有一种解释，就是我们对于国有资产的目标设定存在问题，是题目本身出错了。到现在我们不能不承认这样一个现实：在现有基础上普遍地、大幅度地提高国有资产的效益其实是一件不可求之事，由此也引发了我们对于国有资产自身目标的思考。

很多专家学者对国有企业进行了大量的研究，开出了各种“药方”，但他们始终未能去思考两个最为重要的问题：我们为什么要拥有国有资产？拥有国有资产的目标是什么？我想这两个问题才是最重要的，需要学界和政府广泛地探讨，必须以一种科学的态度来看待和研究这个问题，而不是恪守教条和想当然。我认为，国家拥有国有资产的目标是维护社会稳定和经济发展。诚然，我国建立国有企业的初衷是优先发展重工业和加快实现国家的工业化，但现在有必要对这个目标进行重新确定。我们绝非是为了拥有国有资产而拥有国有资产，拥有国有资产仅仅是一个手段和过程，只是为了实现维护社会稳定和经济发展这个目标，我们可以在此目标下对国有资产进行各种处理。如国有资产变现充实社会保障基金或者直接用于社会救济，从实物或账面上来看，国有资产没有了，但这种处理维护了社会稳定和经济发展的大局，就是值得的。我们认为，这也是符合“三个有利于”标准和“三个代表”思想的。搞清楚国有资产的目标，对于建立新的国有资产管理体制是必不可少的。但肯定会有人出来反对这个目标，并且至少会提出两点质疑：一是国家对于经济的控制力问题；二是国有资产的保值增值问题。下面我将就这两点分别予以答复。

首先是第一个问题：国有资产减少了，甚至从某些领域完全退出，国家对于经济生活的控制力是否会降低？这种担心是没有必要的。因为国家对于经济生活的调控，并非依靠其直接经营的资产或者企业，而更多的是依靠政权的行政力量。国家对于经济生活的调节，主要是根据宪法、法律和政策来实现的，而不是靠对经济生活的直接参与。

经济发展的历史证明，对于一般竞争产业，单个私人很难获得完全的垄断和支配地位，因此无须对之进行控制。对于可能产生自然垄断的产业或者重要的公用事业，国家的控制手段也是多种多样的，除行政控制外，“金股”“国有私营”都是有效的手段。所谓“金股”，是指对于某些重要的公用事业，国家只象征性地保留一股，但这一股具有一票否决的权利，从而保障了社会公众的利益。因此，国有资产的数量多寡甚至有无与国家对经济生活的控制力并没有必然的联系。

尽可能多地拥有国有企业，保持国家对于经济的控制力是一种传统的观念。这种观念的最初构想来自马列主义经典著作，并在苏联付诸实践而为我国学界所奉行。随着经济体制改革的进行，人们对此的认识也在不断地深入。从“清一色”的国有独资，到国有资本绝对控股，到相对控股，再到国有资本的屈尊参股，反映了人们的认识过程。但这种后退是逼不得已和不情愿的。至今还有人时常提到国有资本的控制力问题，甚至奢望国有资本从一部分企业退出后可以去渗透和控制更多的企业，起到“四两拨千斤”的作用。国有资本为什么要控制民间资本？这种认识是虚妄的，在实践上是不利于经济发展的。

再看第二个问题，有人认为拥有国有企业的目标是保值增值。初看起来，这个提法没有问题，国有资产是全体人民的共同财富，财富增加了，人民的福利自然也就增加了，两者是完全一致的。其实这是一种似是而非的观点，单论保值增值，其他资产也可以实现，而且效果还要更好一些，为什么一定要通过国有资产来进行呢？所以这种看法是有问题的。

假设我们以保值增值作为国有资产的一个目标，以维护社会稳定和经济发展作为另一个目标，我们发现两个目标在很多情况下确实是一致的。但既然是两个不同的目标，那么难免会发生不一致的情况。比如一个濒临倒闭的国有企业，尚有账面净资产5000万元，另有职工1000人，现在我们要把它转让出去，假设最终企业以4000万元的价格被转让并且受让方接受了全部的工人，那么从保值增值的目标来看，这个转让是失败的，国有资产流失了；但从维护社会稳定和经济发展的目标来看这个转让却是成功的，因为它为社会解决了1000人的就业问题，企业也由此获得重生。这时两个目标就出现了不一致的情况。

因此，维护社会稳定和经济发展才是拥有国有资产的唯一目标，而保值增值不过是它的手段之一。尤其在我国，国有企业的历史一般都比较长，情况千差万别，企业的账面价值、按股价计算的市场价值以及按未来收益折现计算的企业价值之间差别很大，企业的隐形负债（企业办社会、离退休人员等）也未有体现。因此，如果仅仅以保值增值作为国有资产的硬性指标，动不动就拿国有资产流失的大帽子吓唬人，可能会使国有资产管理体制改革的进程陷于停顿。我国目前正处于改革转轨时期，社会稳定和经济发展具有极其重要的意义，这个时候应当主要考虑社会稳定和经济发展指标，而保值增值不过是其手段之一。

二 国有资产的形态转化

在前面我们混用了国有资产和国有企业两个概念，其实是不确切的。混用仅仅是为了保持历史的连续性，因为在早期我们所理解的国有资产就是国有企业，国有资产管理体制改革也仅仅指的是国有企业改革，但到今天，我们已经知道国有资产是一个范畴远大于国有企业的概念。因此有必要对之进行区分。这就涉及国有资产的形态问题。

具体来说，国有资产具有四种形态。

1. 企业形态

企业形态的国有资产就是国有企业，包括全资的国有企业和国有控股、参股企业中的国有股份。这一部分资产因其营利性也被称作经营性国有资产。截至2000年底，我国经营性国有资产总量为68612.6亿元，占全部国有资产的69.4%。我们由此也可以看到，国有企业仅仅是国有资产的一部分，不过是其中比较重要的一部分，而且吸引了大多数人的注意力。

2. 公共产品形态

公共产品形态的国有资产是指国家和社会拥有的基础设施、公用事业、环境卫生、文化教育等资产。我们统计中的非经营性国有资产，主要指的就是这一部分国有资产。截至2000年底，我国非经营性国有资产总量为30246.6亿元，占全部国有资产的30.6%。从目前来看，公共产品形态的国有资产发展势头迅猛，而且存在很大的发展空间和发展潜力，是国有资产拓展的一个重要方向。

3. 货币形态

货币形态的国有资产是指以现金或投资基金的形式存在的国有资产，包括社会保障基金、教育基金等。但以往人们对于这种形态的国有资产缺乏关注，因此也没有具体的统计数据。但很显然，这种形态的国有资产对于维护社会稳定和持续发展具有极其重要的意义。

4. 资源形态

资源形态的国有资产是指国家拥有的土地、森林、矿藏等资源。在我国，多数自然资源都归国家所有，自然也就是国有资产。但对其具体数量也缺乏相应的统计。这一形态的国有资产具有双重的特性，一方面它是一种国家可以处置的资产，另一方面这种处置对于生态、环境等又存在较大的影响，因此需要科学规划统筹安排。

由此我们可以看出，国有资产具有不同的形态，这也给了我们一个思路，就是国有资产管理不仅包括国有资产在自身形态内的保值增值，也包括其在不同形态之间的相互转化，通过这种转化实现社会稳定和经济发展的目标。事实上世界各国在这方面也一直进行着主动或被动的尝试。如北欧国家，因其社会福利水平很高而经常出现财政赤字，而同时又拥有比较丰富的自然资源，于是在赤字时就往往批准多砍伐一些森林或开采一些原油，以平衡财政开支，这样资源形态的国有资产就转化为货币形态的国有资产。又如日本，因其自然资源匮乏而对资源进行严格地保护，制定了很多政策，包括从国外进口木材以保护国内森林资源，这样货币形态的国有资产就转化为资源形态的国有资产。但不管国有资产的形态如何转化，只有一个目标，就是维护社会的稳定和经济的持续、快速发展。

相比之下，我们对于国有资产的形态转化认识还很不够。长期以来，人们将企业形态的国有资产看作国有资产的唯一形式，国有企业也吸引了人们最多的注意力。我们现在面临的主要问题是国有资产太多，尤其是企业形态的国有资产比重太高。市场经济发达的国家也有国有资产，但一方面，它们的国有资产总量不大，一般不超过社会总资产的10%；另一方面，政府拥有的国有资产主要分布在公共基础设施、公用事业、自然垄断部门以及关系国防安全的产业，而不是一般竞争产业。人们一般认为，政府经营一般竞争性行业缺乏比较优势，这也已经为我国改革开放以来的经济发展现实所证明。国家直接经营企业，是政企不分最主要的原因，既不利于国有企业效益的提高，又不利于营造一个公平公正的市场竞争环境，给经济发展增添了很多困难。

因此，我国国有资产管理的任务，已经不是现有的国有企业脱离困境和发展扩张的问题，而是将企业形态国有资产的比重降下来，将其转化为其他形态的国有资产，借以实现社会稳定和经济发展的目标。这种转化，同时也是国有资产从其不具有比较优势的领域转入其具有比较优势的领域，发挥更大效用的过程。

从理论上来说，国有资产以企业形态转化为公共产品形态、货币形态或者资源形态都是可取的，本质上并没有优劣之分。但从我国的实际情况来看，恐怕是转化为货币形态更为迫切和急需。我国目前正处于转轨时期，转轨时期的最大特点是社会问题大于经济问题，货币形态的国有资产对于抹平转轨创伤、减轻社会震荡无疑具有最大的效力。从其他两种形态的国有资产来看，很多公共产品建设具有一定的营利性，这样只要放开市场准入限制就可以吸引民间资本来投资，如温州的机场就是民营企业投资兴建的；资源形态的国有资产虽然是一个方向，但它是一个长期的任务，我们在短期还无暇顾及。维护社会稳定和保持经济良性发展是一个短期的、比较迫切的任务，而且这一开支基本上需要国家来支付。因此，国有资产从企业形态转化为货币形态，是我们目前最重要的一个转化方向。

我国已经加入WTO，国内企业也即将面临更为激烈的国际竞争。我国的某些行业和企业可能会受到比较大的冲击，一些企业可能会破产倒闭，造成大量的结构性失业，对于这一部分人，只能由政府接管下来，将其纳入社会保障体系，否则社会的稳定和改革的进程就会受到威胁。但现在我们的社会保障基金还存在很大的缺口，无法承受这个负担，即便如此，这还不包括那些本应纳入而未纳入社会保障体系的人员的负担。那么只能有一个办法，就是将部分企业形态的国有资产变现成为货币形态，充实社会保障基金，以维护社会的稳定。

但现在通过股市进行国有股减持变现的方式已经失败了。为什么会失败？并非这种设想本身行不通，而是方式手段存在问题。国家减持国有股，要保值增值，而且是在带有大量泡沫的高位上增值，同时又要保持控制力，条件苛刻，好处占尽，投资者怎么会答应？所以国有股减持必须从维护社会稳定和经济发展的大局着眼，按照平等互利的市场交易原则来进行，这样才能顺利地实现国有资产由企业形态向货币形态的转化。

三 探索国有资产管理的新体制

为了维护社会稳定和经济发展，国有资产必须加快由企业形态转化为其他形态。但是，由于我国国有企业数量众多，国有企业在近期乃至将来相当长的时期内仍会大量存在，而且国有资产形态转化本身也是需要规划和管理的工作，因此，建立新的国有资产管理体制刻不容缓。

新的国有资产管理体制至少应包括两个方面的内容：一个是国有资产的所有制形式，另一个是国有资产的管理模式。同时，由于国有资产管理模式中的国有资产经营公司是一个新生的和比较重要的角色，我们将之单列出来进行专门的讨论。

1. 国有资产的所有制形式

我国目前的国有资产所有制形式是中央所有，分级管理。这种所有制形式将所有权与管理权人为地割裂为两个部分，产生了很多问题。于是就出现了这样的现象：对于某个国有企业，地方政府已经谈妥了价钱，准备把它卖掉，而中央部委却不同意，因为他们才是所有者。我国国有资产数量众多，各个地区、各个行业的状况千差万别，这样仅仅由中央一家所有统一行使所有者的职能其实是不合理的，也是不可能实现的。

我们认为比较恰当的方式是建立分级所有，或者中央委托地方所有的国有资产所有制形式。划分原则是：由中央财政投资形成的国有资产，为中央政府所有；由省级财政投资形成的国有资产，为省级政府所有；市、县、乡级以此类推。初始投资较为复杂难以认定的国有资产，由上一级政府根据其规模影响、所在地等因素指定适当的所有者。每一级政府对于其所拥有的国有资产具有完整的所有权，包括收益、处分等各项权利。国有资产分级所有，也是国外的普遍做法。如美国的土地除私有的部分外，就分别有联邦政府所有的土地、州政府所有的土地、市政府所有的土地等。可见，国有资产的分级所有是可行的。

国有资产分级所有具有许多优点。首先，它改变了国有资产所有权的割裂状态，有助于实现责、权、利关系的对等，从而大大提高其运营效率。其次，地方政府获得了一部分国有资产的完整所有权，有利于调动他们的积极性，因地制宜地进行国有资产的经营和管理。最后，国有资产分级所有有助于明晰产权，塑造市场多元产权主体。在中央政府一家所有的模式下，中央政府经常对国有资产的管理权限进行无偿划拨，这直接造成了对产权的侵害和不尊重，也造成了国有资产所有者缺位和“吃大锅饭”的状况，国有资产分级所有有望解决这种问题。

2. 国有资产管理模式

从我国国有资产管理模式改革的实践来看，各地都在积极地探索新的国有资产管理模式。上海、广东深圳和山西晋中等地区都进行了一系列的大胆创新，并且取得了一定的成效。结合这些实践，并充分参考意大利、新加坡等国家管理国有资产的先进经验，我们提出了国有资产管理模式的各项建议。

国有资产管理模式的主要内容是建立三个层级的国有资产管理机制。第一层级是代行所有者权利的专职机构；第二层级是国有资产经营公司；第三层级是国有资产的具体经营和参与企业，主要是国有企业。三个层级逐级负责，同时彼此之间又具有明确的权责划分，完成国有资产管理的目标。

（1）第一层级。

第一层级是代行所有者权利的专职机构。这样一个机构，它的性质是什么、它该放在哪里，都是值得探讨的问题，如可以放在人大，可以放在政府，也可以作为独立的非政府法定机构。从国外的情况来看，多数放在政府，如新加坡设在财政部内的财长公司是国有资产所有者的最高代表机构。从我国的实践来看，多是由政府成立“国有资产管理委员会”，由本级政府的最高行政领导兼任主任。因此，尽管从法理上来说这一专职机构作为非政府法定机构可能更为合理，但可行的办法还是将其设在政府之下。我们暂称之为“国有资产管理委员会”，简称“国资委”。

国资委的主要职责是贯彻执行国有资产管理方面的法律法规，制定具有导向性的政策，确定其下一层级——国有资产经营公司的经营目标并对其制定完善的考核和奖惩制度，依法监督并确定国有资产经营公司的领导人选等。也就是说，国资委仅与其直接下层——国有资产经营公司相联系，而且其主要手段是人事控制。

（2）第二层级。

第二层级是国有资产经营公司。国有资产管理委员会依法将管理国有企业的权利委托给国有资产经营公司，国有资产经营公司接受相应国资委的领导，完成与之签订的各项契约。国有资产经营公司依据其在各企业中的国有股份行使法人财产权利，对拥有的国有资产进行经营运作。值得注意的是，国有资产经营公司对于国有企业的经营是通过资产纽带进行的，而不是行政命令，这种经营直接受公司法和民法的约束。

（3）第三层级。

第三层级是国有资产的具体经营和参与企业，包括国有独资企业、国有控股企业和国有参股企业。国有资产的具体经营和参与企业与国有资产经营公司之间存在产权关系，它接受国有资产经营公司对自身行使股东权利，但不接受其行政命令。政企不分的问题有望借此得以解决。

3. 国有资产经营公司的职能

在国有资产管理的三个层级中，国有资产经营公司扮演着极其重要的角色。政府对于国有资产的经营运作、形态转换和各项目标的实现，都有赖于国有资产经营公司的有效运作。一般来说，国有资产经营公司包括四个方面的职能：

（1）国有资产从某些行业和企业的退出。

前面已经提到，我国的国有资产，尤其是企业形态的国有资产比重过高，因此有必要从中退出，这个退出工作主要通过国有资产经营公司来进行。通过企业拍卖、股权转让等形式，国有资产从某些行业和企业退出，企业形态的国有资产转化为货币形态的国有资产，实现各种社会目标。

（2）国有资产进入某些急需发展的产业。

某些产业，由于前景不明朗、投资回收期长，或是存在外部效应，可能民营企业不愿进行投资，而这些产业的投资对于国家的长期经济发展又存在重大的意义，如一些高科技的导向性产业、园区建设等。对于这些产业，需要国有资产经营公司审时度势，适时进入。

（3）为经营城市服务。

现在从中央到地方都提出了经营城市的口号。城市是社会经济发展的基本载体，城市本身就是一个庞大的公共产品。改进城市基础设施、文化教育等条件，改善人们的居住、工作环境，可以使城市这个公共产品得以升值。国有资产经营公司掌握了城市的大量公共资源，因此对于经营城市具有义不容辞的责任。

（4）为企业改制服务。

目前我国国有企业的管理仍然存在多头管理的现象，如计委管投资，财政部门管资产，组织部门管人事，经贸委管监督等。在这样的管理体制之下，我们也无法指望在企业内部建立规范的现代企业制度。

国有资产经营公司的建立有望解决这一问题。国有资产经营公司建立后，政府对国有企业的一切控制权力都移交给它，以往的一些机构如大型企业工委予以撤销，这样就实现了人权、事权和财权的统一。在此基础之上，国有资产经营公司对于国有企业的管理权利通过资产和产权纽带来进行，便于国有企业建立科学规范的现代企业制度。

国有资产经营公司对国有企业的控制可以分为五个方面。①制度控制。国有资产经营公司为国有企业设计责权利相一致的企业内部管理制度。②战略控制。国有资产经营公司以其较强的战略判断能力为国有企业的发展选择正确的战略方向。③董事控制。国有资产经营公司依其股权向所属企业派出产权代表，行使所有者权利。④无形资产控制。有些国有企业依附于政府而获得某些无形资产，国有资产经营公司应当对这一部分无形资产进行控制。⑤财务控制。国有资产经营公司对所属的国有企业进行账务稽核，查处各种欺诈行为。

利用国有资产经营公司运营国有资产，是很多国家国有资产管理的通行办法。1996年世界银行的一份研究报告指出，利用这种办法管理国有企业具有很多优点，如缓冲政治干预，有效协调决策，提供战略指导，完善财务纪律，获得合作的规模效益等。从我国试运行的情况来看，效果也是比较明显的。因此，结合我国国情，采用国有资产经营公司集中运营国有资产，是一种比较可行的办法。

参考文献

[1] 财政部统计测评司“我国国有资产增长因素分析”课题组．国有资产增长态势及若干建议[J]．宏观经济研究，2001（12）：26-29.

[2] 张卓元. 新世纪国企改革面临的六大问题及深化改革设想[J]. 经济学动态，2001（10）：15–21.

[3] 陈永正. 国企改革几个重要理论问题之我见[J]. 财政科学，2001（6）：90–93.

[4] 北京大学中国经济研究中心发展战略研究组. 中国国有企业改革的回顾与展望[J]. 经济研究参考，2001（8）：18–38.

[5] 胡家勇. 构建国有资产管理新体制[J]. 经济学动态，2002（1）：54–57.

[6] 陈文通. 国有经济战略性调整中的若干认识误区[J]. 国家行政学院学报，2002（2）：68–70，82.

[7] 黄可华. 国有资产运营的战略分析[J]. 中共中央党校学报，2001（11）：5.

[8] 张文魁. 中国国企改革：近年的进展及其政策含义[J]. 改革，2002（2）：40–46.

[9] 钱颖一. 第三种视角看企业的政府所有制：一种过渡性制度安排[J]. 经济导刊，2002（5）：1–7.